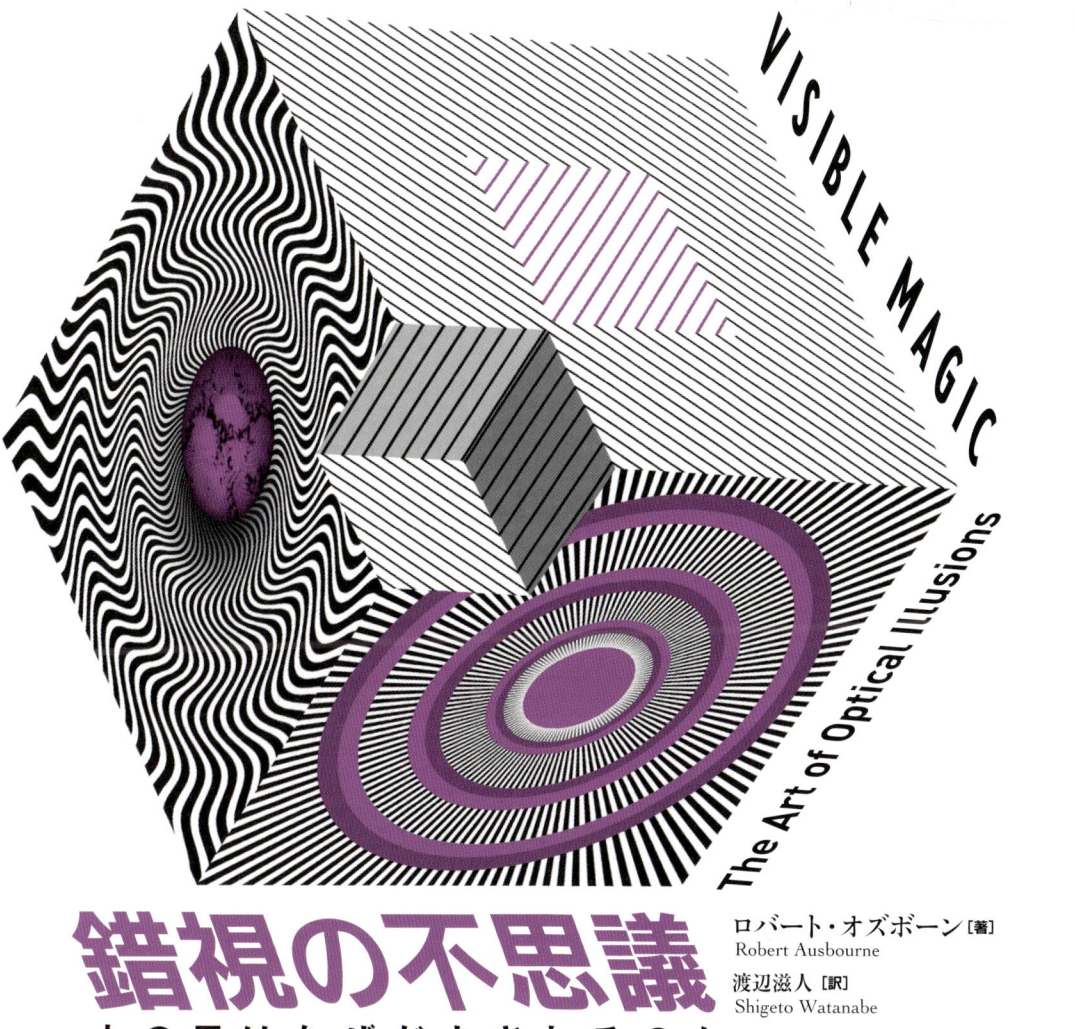

VISIBLE MAGIC
The Art of Optical Illusions

錯視の不思議

人の目はなぜだまされるのか

ロバート・オズボーン [著]
Robert Ausbourne

渡辺滋人 [訳]
Shigeto Watanabe

創元社

VISIBLE MAGIC: The Art of Optical Illusions by Robert Ausbourne
Copyright © 2012 by Robert Ausbourne
Originally published in 2012 in the United States by Sterling Publishing Co., Inc.
under the title VISIBLE MAGIC: The Art of Optical Illusions
This edition has been published by arrangement with Sterling Publishing Co., Inc.,
1166 Avenue of the Americas, New York, NY, USA, 10036
trough Japan Tuttle-Mori Agency, Inc., Tokyo

目次 Contents

はじめに	思い込みにとらわれる心	v
第1章	目の仕組み	1
第2章	不確かな世界	15
第3章	頭の中の色彩	35
第4章	現実を一ひねり	49
第5章	歪んだ世界	75
第6章	残り続ける像	95
第7章	自然界の錯視	113
第8章	指を使った錯視	127
第9章	隠れたものを見る	133

クイズの答え	149
注	151
参考文献	152
索引	154

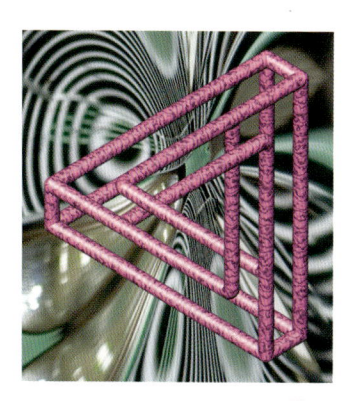

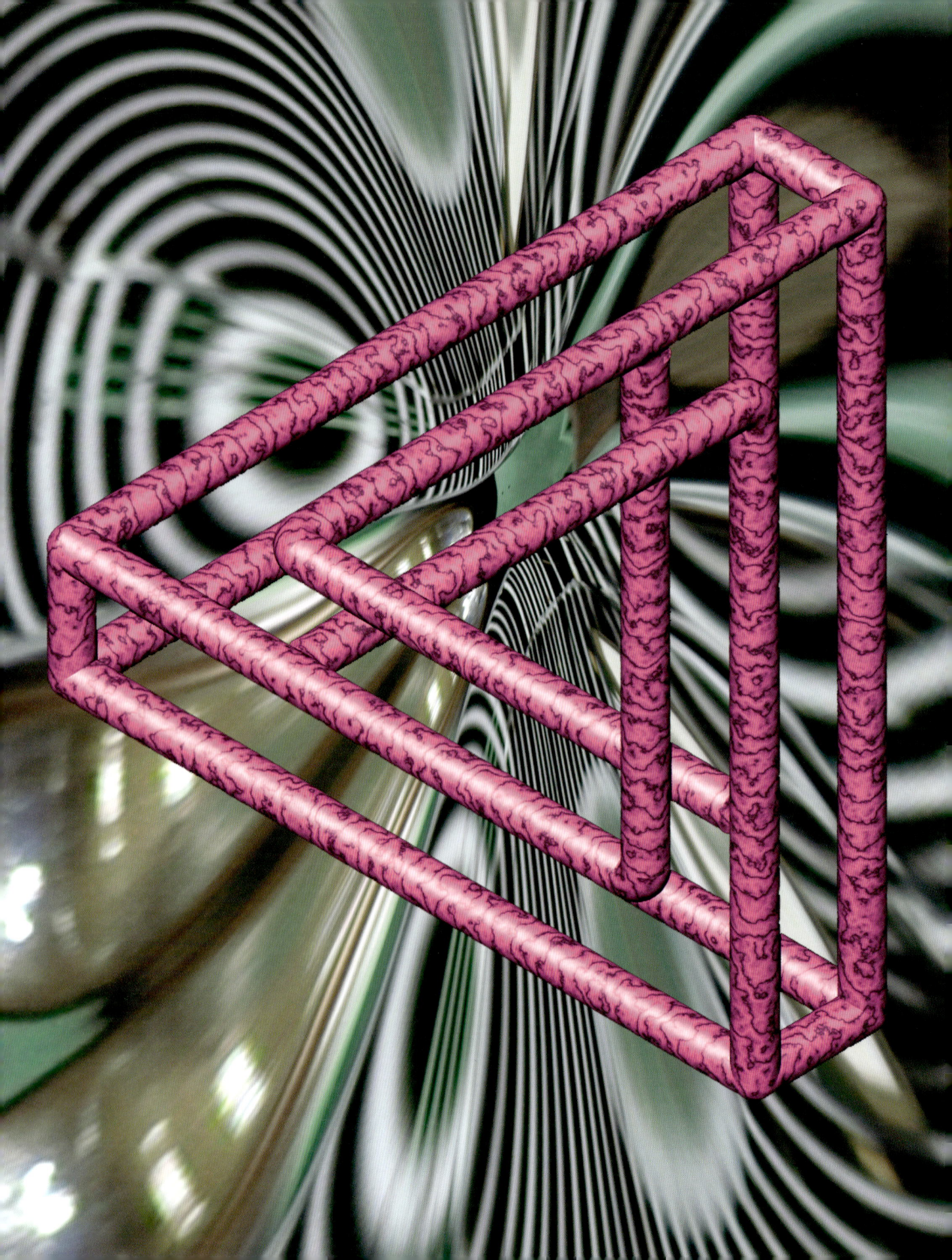

はじめに
思い込みにとらわれる心
The Assumptive Mind

心で見ているのだから、目のせいではない。
　　　　　　——プブリリウス・シルス（前1世紀頃）

　これは幻覚についての本、正確にいうと錯視といわれる視覚上の錯誤についての本である。視覚に限らず、嗅覚・触覚・味覚・聴覚など人間のどの感覚でも錯覚はあり得るのだから、この区別は大切だ。私たちの脳がもつ能力のかなり大きな部分が、見ることに向けられている。見ることは人間にとって、単なる一感覚以上のものだ。それはもっと詳しく調べてみる価値のある、パワフルで不思議な知能というべきだろう。

　錯視はトリックを用いて視覚システムを騙すという点で、手品師を連想させる。手品師がときに「幻想を与える者」と呼ばれるのも不思議ではない。また空飛ぶ円盤やベッドの下にひそむ怪物など、実際には見ていないのに見えると思い込んでいるものが幻想によって浮かび上がることもある。ただこの本で扱うのは、もう少し厳密な意味での目の錯覚である。ここでは種も仕掛けも隠さずに、錯視の作品を紹介しようと思う。秘密はわかっている限りすべて明らかにするつもりだ。

　錯視のイメージが脳を欺き、頭の働きによって私たち自身が騙されるといわれているが、これは正確ではない。私たちは自分を騙すことはよくあるが、脳の視覚システム自体は嘘をつけない。だが思い込み、決めつけは得意中の得意だ。「理解」は脳の想定によって力を得る。目に何かが入っても、それが何であるかを頭で把握するまでは、すべてはあいまいなままだ。何かを目にすると、

［左のページ］
管による三角形の図（トニー・アゼベド、2009年）

あなたの頭はすでに知っていることに照らし合わせて、その光景をすばやく処理する。「アヒルのような姿をしてアヒルのように鳴くものがいれば、それはアヒルに違いない」という言葉を耳にしたことがあるだろう。この台詞は脳の働き方をよく表している。1羽のマガモを見たら、あなたの頭はそのイメージを処理して「これはアヒルの一種だ」と正しい判断を下す。「アヒルでもあり、木でもある」などと2つの想定を答えにすることはあり得ない。それでは妄想になってしまう。脳は数多くの手がかりからえり分けて、ただ一つベストの答えを決定する。考えなおして変更することはあり得るが、ともかくスタート地点は決めなくてはならない。

　錯視とは、誤った視覚想定に基づいて、誤った結論へ脳を誘うように仕組まれたトリックのことだ。脳の働き方について多くのことがわかってくると、それだけ効果的な錯視のイメージを組み立てやすくなる。今では、脳が陥りがちな思い込みを狙い撃ちにすることも容易だ。

　実は私たちが目にするものはすべてが「幻影」である。私たちは毎日三次元空間を動き回りながら、常に幻影の集中砲火にさらされている。右の絵をじっくりと眺めていただきたい。誰もいない教室を描いたものだ。一見すると、幻などは見当たらないと思うかもしれないが、実はこの場面には膨大な数の幻影があふれている。いくつか挙げてみようか。奥にある机は手前のものより小さく見えるが、実際には同じ大きさであることを私たちは知っている。つまり見かけ上の大きさの違いは幻影といっていい。教卓に置かれた2つの地球儀はどちらも直径33センチの標準サイズだが、これも片方が大きく見える。壁や天井など部屋のつくりは斜めの線でかたどられているが、壁も天井も黒板もみな長方形であることはわかっている。この場面だけでもこの種の幻影はたくさんありすぎて、全部あげようと思ったら切りがない。意識はしていなくても、私たちの脳は常にこういう幻影を一つ一つ処理していかなくてはならない。

　この教室が生徒たちでいっぱいで、一人一人が少しずつ違った視点からこの空間に意識を向けているところを想像してみよう。各人がこの空間の正確な3Dマップを頭の中に組み入れなくては、他の生徒たちと一緒に仲良くやっていくこともできない。脳は"視神経のハイウェイ"経由で受け取った情報を用いて、膨大な数の視覚上の課題を処理し、各人の3Dマップを組み立てる。もし一つの脳に侵入してデータの流れを読み取れるとしたら、こんな果てしのないつぶやきが聞こえるかもしれない。「…あの壁はもっと近い……こっちは奥の方だ……あの境目で色と材質が変わるぞ……あの影の方が暗い……この色は変わらない……壁と天井の角は別に変な角度になっているわけじゃない。この部屋はちゃんとした長方形だ。」脳が自動的にこういう処理を進めているおかげで、私たちは周囲のいろいろなものに注意を払って、もっと重要な仕事に向か

[右のページ]
教室（R・オズボーン、2009年）

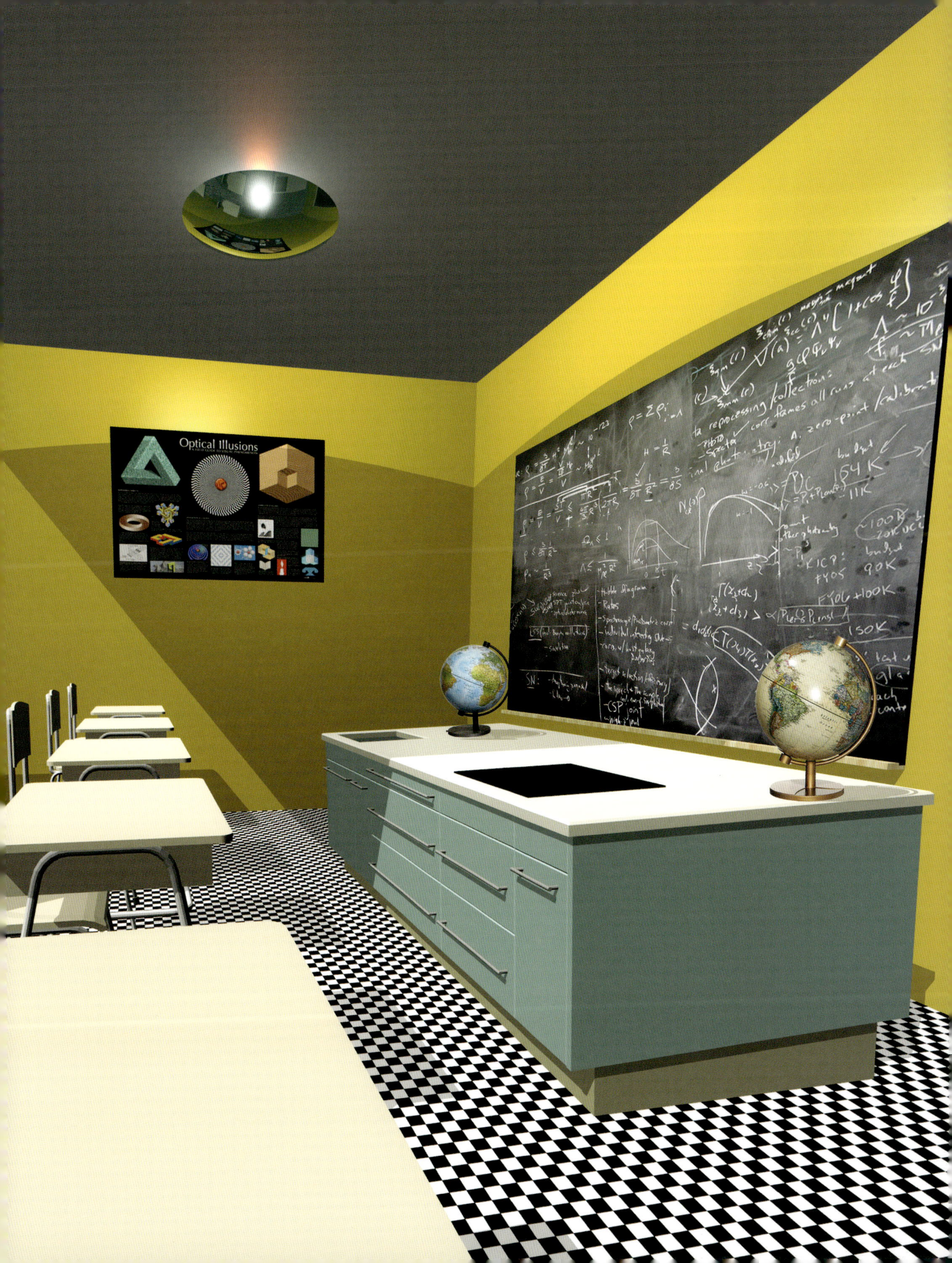
Optical Illusions

うことができる。

　この教室の絵で目につくのは、右奥で天井と２つの壁がつくっている角の部分だ。３つの境界線のなす角度の２つは大きく広がっている。壁は実際には鈍角で交わっているわけではないから、これはいわば幻影だ。それぞれが少しずつ違った視点でこの部屋を見れば、少しずつ違ったイメージが浮かんでいるはずだが、このようなちょっとしたイメージのずれは普通は無視できるもので、部屋が直方体であることは誰もが認めている。ところが脳の方はそうはいかない。見る人の脳はそれぞれ妥当な想定に基づいて即座に計算し、教室の3Dマップを組み立てなくてはならないが、同時にそれを他の人々全員にとって共通の正確な3Dマップにしなくてはならない。これは奇跡というほかない！　私たちはこの幻影解決のための無意識の計算を、毎日絶え間なく自動的に数え切れないほど実行しているのだ。

　三次元空間の把握のために絶え間なく脳が実行する演算は、目もくらむような数にのぼる。でも脳の仕事はそれだけではない。脳は光と影、色彩、距離、物の形、材質、大きさなどについても、常に計算している。もしこういった計算をすべて意識レベルでしなくてはならないとしたら、私たちはデータ量の過剰にその場でフリーズしてしまい、部屋の反対側に進むことすらできないだろう。実際には瞬時に計算できる脳のおかげで、敏捷な人なら部屋に駆け込んできた勢いのままに、身をくねらせ、ひるがえり、障害物を跳び越えて部屋の奥まで到達できる。全世界のスーパーコンピューターを合わせても脳のパワーには及ばない。

　幻影による錯覚があっても三次元空間でうまくやっていけるのは、そのほとんどが無視しても問題ない程度のものだからだ。一方、意図的に仕組まれた錯視となると、私たちの好奇心は大いに刺激を受ける。これまでの記憶や経験のリストに照らし合わせて、私たちはその視覚イメージの謎を解き明かそうとする。これは脳にとってとても良いトレーニングになる。

　謎を解くヒントを見つけるのに、普通はそう時間はかからない。ああ、あの線は実際には曲がっていないんだ！　何かが足りないみたい……幾何学通りにはなっていないのか。色がおかしい。あの２つは実際には同じ大きさなんだ……。たとえ錯視の仕組みがよくわからなくても、自分が騙されていることには気づくかもしれない。私たちは好奇心のかたまりのような生き物だから、この体験にわくわくする。ローラーコースターに乗っているように、スリルを楽しむ。まだ足を踏み入れたことのない「向こう側」に抜け出ることができるのだ。優れた錯視パズルなら、誰でも十分に楽しめる。

　ある時点で、私たちは一つの錯視についての完結点に到達する。要するにその謎を解き明かし、その錯視を「我がもの」とする。錯視アートには人と人を

つなぐという側面もある。特に出来の良い作品に出合うと、自然に誰かに教えたくなる。他の人の反応を見て、自分の反応と比べてみたいと思うのかもしれないし、自分の頭がまだ健全であることを確かめたいということもあり得る。もしかしたら私たちが生まれつき分かち合う生き物だから、ということなのかもしれない。理由はどうあれ、友達に、ときにはまったく見ず知らずの人にも、絵を見せて、言葉をかけたくてうずうずしてくる——ちょっと、これを見てごらんなさい！

　私はこれまでずっと錯視芸術を愛好してきた。作品を集めることは一つの情熱であり、謎を解き明かすことはときに挑戦である。人々と共有することはさらに幸福な気分をもたらしてくれる。錯視の作品を描くのは容易ではない。ある錯視のトリックが次第にぼやけて消えてしまう場合も、逆に人を惑わす動きを見せる場合も、画家がそれを描いている間にすでにそうなり始める。錯視画を描くことは、落下する落ち葉に色を塗るようなものだといえるのではないだろうか。

　錯視を考えることは現実を理解するのに役立つ。錯視アートによって私たちのまなざしは鋭敏になるし、日常世界の色彩やものさしの中での自分の姿や位置を確かめることができる。ちょうど映画の中の悪役に照らし合わせて善の性質を知るように、私たちは「錯視の不思議」に照らし合わせて現実の性質を理解することができる。

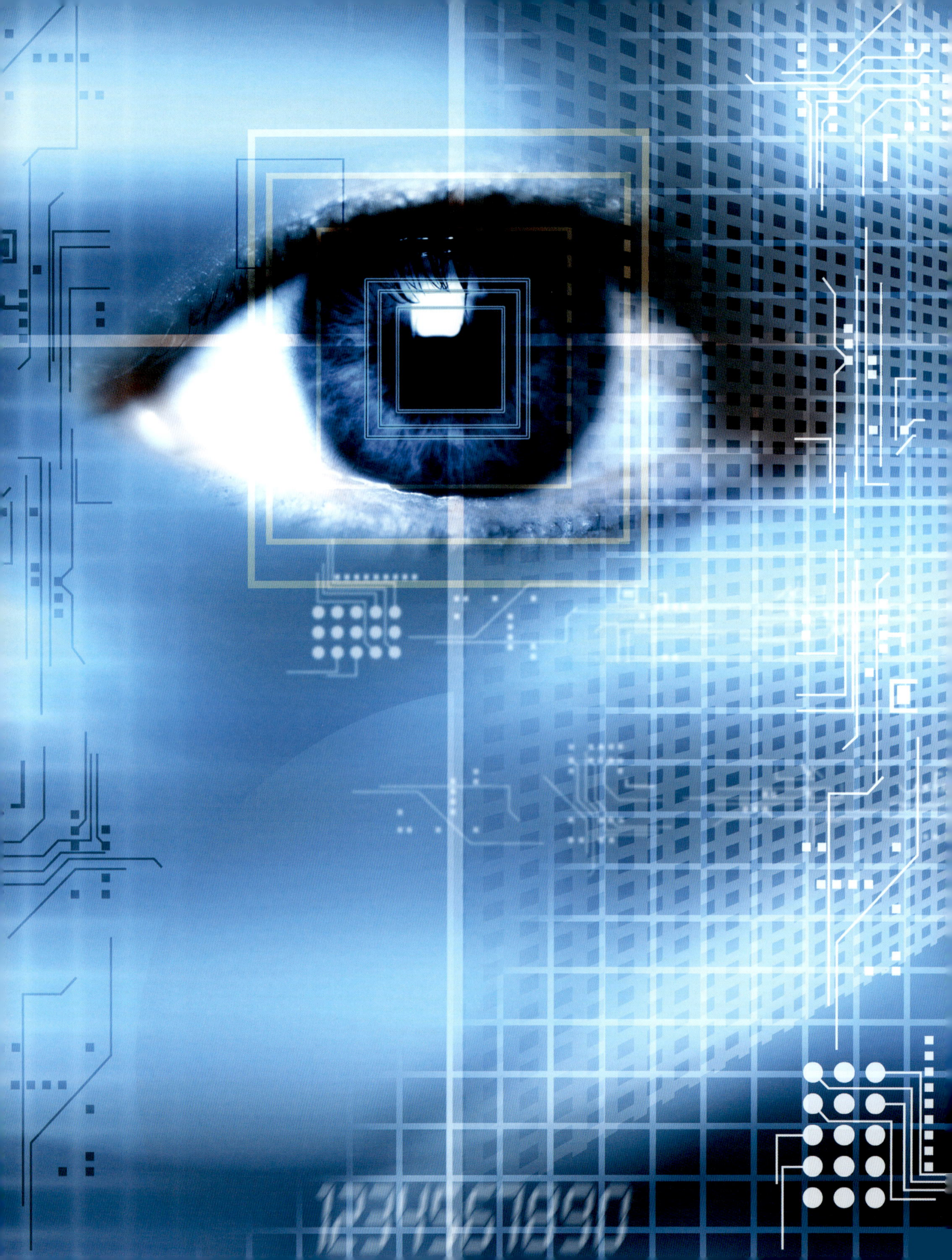
1234567890

第1章 目の仕組み

Machinery of the Eye

> すべての行為は心に由来する。心を映す鏡は顔だ。
> そしてその指標となるのは目だ。
>
> ——キケロ（前106年〜前43年）

人間の目は知性をつかさどる脳と連携して働き、この世界のすばらしい映像を生き生きとした鮮やかな色彩で私たちに与えてくれる。この内蔵式の精妙な視覚システムはまた、驚くほど広範囲にわたって質感、深さ、光などを見分けることもできる。目と脳からなるカメラ装置には、みなフィルム編集機、画像記憶装置、高度なソフトウェアのセット、ぶれ防止機能が内蔵されている。器官そのものが動くのは眼球だけで、システム全体は血液、筋肉、組織、そして生体電気によって働く。

ニューカッスル大学の神経科学者アーニャ・ハールバート博士によれば、「人間の視覚は単なる一感覚ではなく、一つの知能」である[注1]。一対の目と脳によって、世界中のスーパーコンピューターを合わせた能力を超えるような視覚プロセスが実行されるのだ。

コンピューターの処理速度と伝送容量が改善されるにつれて、人工の視覚というものも進歩していくだろうが、今のところ私たち一人一人に内蔵された2つの汎用カメラ付き視覚システムこそ、わかっている限りこの世界で最高のものである。

人の視覚ほど複雑なシステムには、その働き方に関連して奇妙な特徴が表れる。ちょっとした興味深い実験によって、その風変わりな個性のいくつかを探ってみることは難しくない。

[左のページ]
目
眼球は、視覚システムの中でも重要な構成要素で、驚くほど広範囲の質感、深さ、光を見分けることができる。

盲点

　視覚の仕組みが複雑であるため、私たちの目と脳を連動させるには大量のデータを運ぶ経路が必要だ。この結びつきは、健康な血液の流れと多数の神経細胞の働きによって可能となる。大量の情報を運ぶケーブルつまり視神経は、眼球の内壁である網膜の盲斑（視神経乳頭）というところから眼球に入っている。盲斑には光を受け取る視細胞がないので、この部分は視野が欠け、「盲点」と呼ばれている。

　各網膜の盲斑にあたる領域は、見えている範囲の15％に相当するという。つまり両眼の能力のうちかなりの部分が視力ゼロだといってもいい。盲点ゆえに目にする光景の一部は欠落しているはずなのだが、私たちは普段このことに気づいていない。

　周囲を見渡しているとき、私たちはなぜ空白の部分に気づかないのだろう？脳が見えていないものを推測し、欠けているところに「はめ込む」ことを習得しているからだ。つまり脳はそのときの考えにもとづいて、見ているものについてのある種のストーリーを組み立てるのである。本質的に、私たちが見ているものは計算によるファンタジーだ。脳内のフィルム編集には継ぎ目というものはなく、私たちは普段自分の視野の中に盲点や欠損部分があるなどとは夢にも思わない。

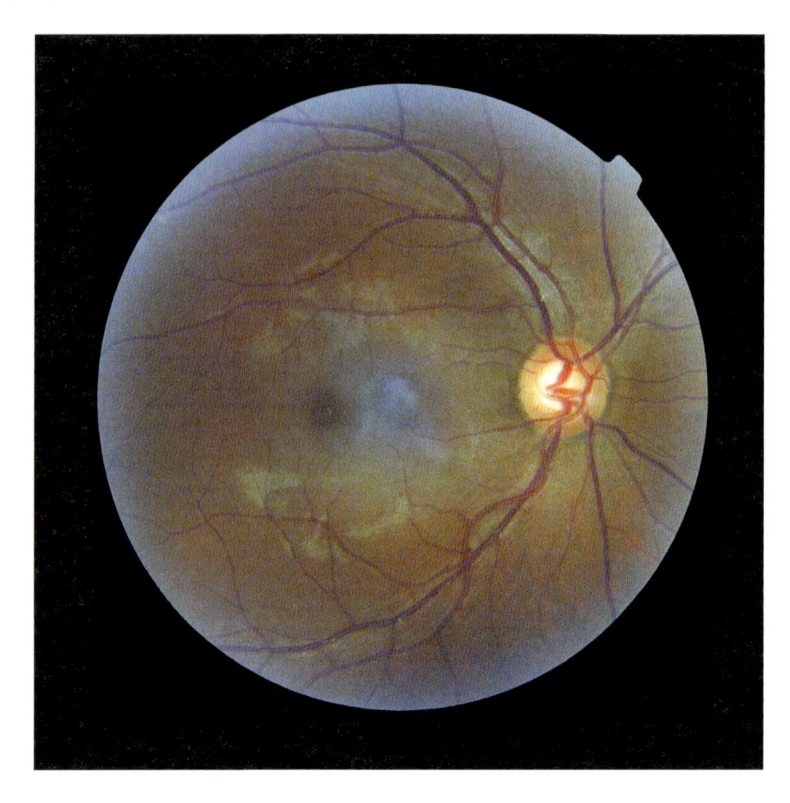

盲斑
視神経乳頭とも呼ばれる明るい円板状の部分には、血管や神経線維が集まっているが、光を受け取る視細胞は分布していない。

盲点の見つけ方

　簡単な実験で盲点を実際に確認してみよう。盲点というのは文字通り見えない点でそれ自体を示すことは困難だが、かなり大きな青い円が視界から完全に消えてしまうことで盲点に入ったことがわかる。また欠けているものを補う脳の働きも確認できる。

　右目を手で覆って、左目だけで図の右上にある小さな目玉を見つめてみよう。視界には当然青い円が見えているが、頭を前後に動かしてみるとどこかで青い円が完全に消えてしまうはず。それがあなたの盲点だ！　さらに頭を上下左右に動かしてみれば、自分の盲点の大きさや形まである程度はつかめるかもしれない。そんなにちっぽけな点ではないはずだ。青い円の消えたあたりの色に注意してみよう。周りの黒色がその部分も覆っているだろうか。これが脳による補完作業だ。あなたの心の目は、何もない部分には黒い色が見えているはずだと判断した。

　次にもう一度右目を覆って、左目で下の緑の模様の右にある目玉を見つめてみよう。先ほどと同じように、頭を前後に動かして青い円が消えるのを確認する。そのとき背景はどうなっているだろうか。あなたの脳は何の問題もなく、欠落箇所にも緑のストライプを補っているのでは？

　ところでこの緑と黄色の縞模様は、それ自体が錯視図形になっている。緑のストライプは平行で幅も同じだが、黄色の線のせいで歪んで見える。あなたの見た模様に欠けているところがあっても、この錯視効果は機能しているだろうか。もちろんだ！

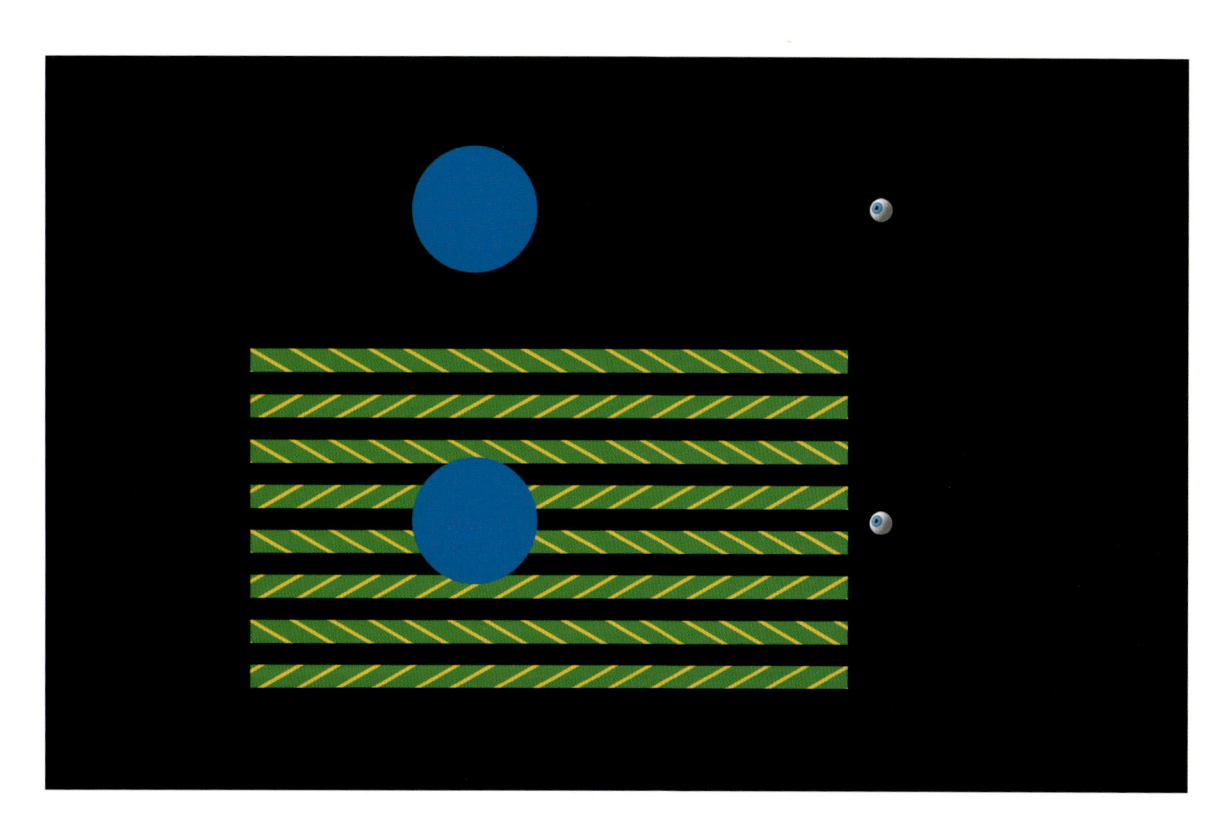

盲点の実験

第1章　目の仕組み

見るためのソフトウェア

人間の脳には、この世界のイメージを処理し編集するために必要なソフトが全部そろっている。視覚が始まるのは、角膜から入った光が水晶体で曲がり、網膜に逆さまの像を結ぶときだ。網膜に届いたデータは、視神経を通り脳の中央付近にある最初の処理センターを経た後、脳の後方にある視覚中枢に届く。視覚映像は思考の速度で実現する。瞬く間の早わざだ。目に映った通りの正しく直立したコピーが、視覚皮質にあるいわば心のスクリーンに投影されると一般に考えられているが、これは誤解だ。脳はデータを反転させたりしないし、何かを投影することもない。いずれにせよ、脳内で誰かが見ているとでもいうのだろうか？ 見ているとしたらあなたしかいない！

ちょっと試してみよう。少しの間、目をこのページから離して、部屋の中を見回してみてほしい。あなたが見回しているとき、多数の映像があなたの網膜を踊るように通過していったはずだ。それも秒速100メートルという猛スピードで。なぜあなたはギクシャクしたバラバラのイメージではなく、周囲のなめらかなパノラマを得ることができるのか。人間の心の目は何百万年もの進化によって、安定した見方を保つことを学んできた。大脳皮質は目からのデータによるアップデートを怠らず、つなぎ目のないなめらかな映像に仕上げるすべを身につけている。バッテリーも外付けハードウェアも使わずに、私たちは自分自身に組み込まれた安定機能付きカメラを使いこなし、飛び跳ねながら人生を歩んでいけるのだ。

今度はこんな実験を試してみよう。片目を閉じ、開いている方の目の下まぶたを下からそっと押して、目玉を優しく動かしてみてほしい。眼窩の中で眼球が軽く動くように。このとき網膜自体は静止していても、地震の揺れのように映像が揺れるのがわかる。

あなたが脳に目の動きの信号を送って、「こう見たり」あるいは「ああ見たり」

歴史上のエピソード
「陽気な君主」として知られる英国王チャールズ2世は、片目を閉じて、もう一方の目の盲点に死刑囚の首が入るようにする「視覚の首切り」を好んだという。本番の処刑はその後だ[注2]。

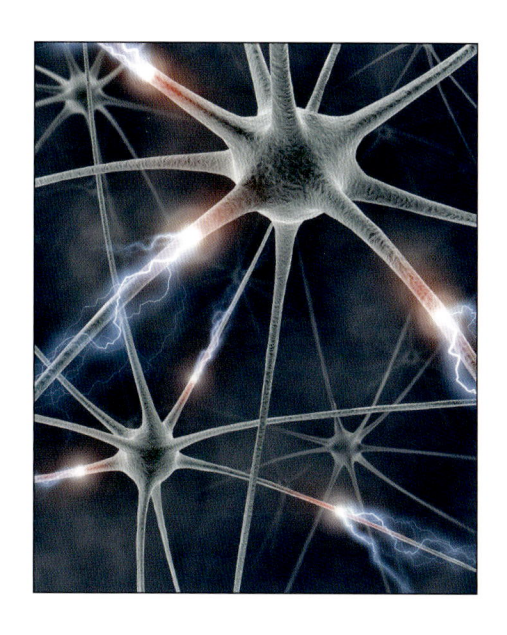

するように脳に伝えると、瞬間ごとに脳はあなたの要求に応じて、正確なメッセージを視覚野に送っているのだ——「おい、目の動きの信号だ。映像を安定させるんだ！」ところが今の実験のようにあなたが指先で目を押すとき、視覚皮質は「動きに対する補正」の反応をまったく受け取らないため、映像が揺れる。視覚皮質はどの瞬間の光景もキャッチすることになる。

経験の影響

　私たちの心はイメージを感知するときに、生来組み込まれた情報に頼っているが、このプロセスでは個人の信念や期待もそれなりの役割を演じている。次に見るようなあいまいなイメージでは、知覚における個人差に関して興味深い観察ができる。

　さっそく試してみよう。下の絵を見ていただきたい。何が見えるだろうか。この絵は2通りの見方ができるように工夫されている。ここに描かれているのは、若い女性だろうか。それとも老婦人だろうか。この絵の中にどちらも存在しているのだが……。若い貴婦人のネックレスは老女の薄い唇になっていて、頬は老女の大きな鼻になっている。帽子とショールは共用だ。

　こういう複数の見方は、知覚における個人の違いをさりげなく示すという点でとても面白い。ある人々は一つの見方にとらわれるが、別の見方を選ぶ人もいる。人が知覚の問題をどう解いているのかを説明する際に、科学者は"トップダウン型"の処理、"ボトムアップ型"の処理という概念を用いる。たとえば「7羽の泳いでいる

［上］
ニューロンのネットワーク（想像図）
脳内にある神経細胞のネットワーク。ダイナミックに変化する映像は、大脳皮質の視覚領のこんな場所でたえずアップデートされている。イメージの世界は神経細胞の配列盤でつくられる。

［下］
妻とその母（W·E·ヒル、1915年）
老婆か、それとも若い女性？

白鳥」（クリスマスを祝う歌の歌詞）というフレーズを考えるとき、あなたは鳥・色・池・水・数字、そしてクリスマスの歌について知っているすべてを記憶から引き出して、心に中にあるイメージを思い浮かべるだろう。これは知識や予測などに基づくプロセスで、トップダウン型と呼ばれる。しかし同時にあなたの心の目は、もともと脳に組み込まれているいくつかの事実の処理も行っていて、扱うデータは表面・輪郭・奥行・動き・明るさなどを含んでいる。こちらはボトムアップ型の処理といわれ、物理的世界についての情報を用いてイメージを組み立てる。この両方のプロセスが共に働くことで、私たちは「クリスマスの12日」という歌の有名な一節に伴うイメージを抱くことができるのである。

　「ネッカーの立方体」という、シンプルな見取り図を見てみよう。まったく普通の立方体の図なのだが、よく見ると２通りの見方ができることに気がつく。上から見ているか、下から見ているかで、手前に突き出す面が２通りあるのがわかると思う。両方の見方を理解するのに多少時間がかかるかもしれないが、一度わかってしまえば自由にスイッチを切り替えられるはずだ。あなたは立方体の各面を把握するのにボトムアップ式の処理を行い、全体として立方体の向きを認識するのにトップダウンの方式を用いたことになる。

　シャルル・ボネ症候群という症状の視覚障害者は、しばしば動物など特定の幻視を体験するそうだ。この症状が現れている人はトップダウンの機能は残っているが、視覚上の入力を欠いているためにボトムアップの方は働かず、限られた幻視を経験するのだという。この事実が示唆しているのは、私たちが実は常に幻覚にとらわれていて、単にボトムアップ機能によってその場の視覚入力に最適な幻覚の一つを選んでいるにすぎない、ということだろう。

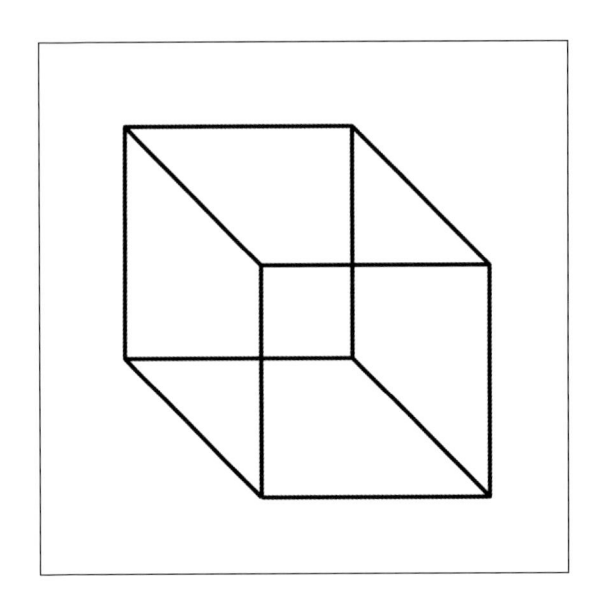

ネッカーの立方体

耳の役割

私たちはみな「上」がどちらかを理解している。何百万年という進化によるのはもちろんだが、生まれてこの方、三次元空間を歩き回って暮らしてきたことで、そのことを学んだともいえる。何かが傾いていればすぐに気づくし、地面にしっかり足をつけてまっすぐに立っている限り、どちらが上でどちらが下かがわからなくなることはない。

また簡単な実験をしてみよう。あなたのいる部屋を見渡して、机か椅子か蛍光灯スタンドか何か一つを選んで注目してほしい。次にそれを見つめたまま、首を傾けてみよう（首を痛めない程度に）。その状態でも、あなたの見つめているものは直立している。どうして脳はこのことがわかるのだろうか。脳内の主要なイメージは回転しない、ということはすでに述べた。ただ網膜の像は逆さまになっている。周りにあるいろいろなものの位置関係が状況の把握を助けているのだろうが、それだけが答えではない。

実を言うと、あなたの脳内の視覚野は耳からのメッセージを受け取っているのだ。もっと正確にいうと、内耳の前庭系という平衡感覚器官からのメッセージを。「頭が傾いているぞ。ずれを調整しなきゃ」という具合に、前庭系による補正が実行される。実は人間の脳は、視覚に影響を与える多くの動きを計算に入れている。だが調整にも限度がある。たとえば、この本を上下逆さまにして読んでみたらどうだろう。たいていの人にとって、かなり難しいはずだ。理由の一つとして、読むことが人という種にとって比較的新しい能力だということが挙げられるだろう。直立歩行が数百万年前に始まったのに比べて、文字の出現からは数千年しか経っていない。

傾きに関わる知覚反応の実験の例を示しておいた。下の図と次のページの図を見て検討してみてほしい。

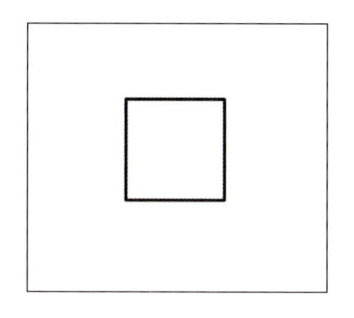

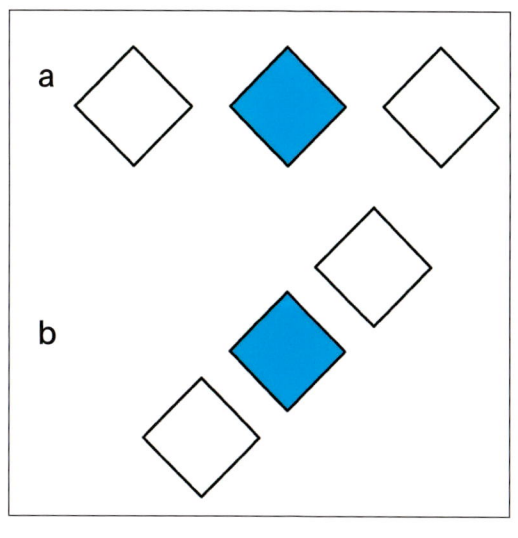

[左]
図形の傾きと見え方１
この位置では正方形に見えるが、本を45度回転してみるとトランプのダイヤ形（ひし形）のように見える。本をもとの位置に戻し、あなたの首を45度傾けてみると……今度は正方形のままだ！

[右]
図形の傾きと見え方２
並び方の異なる３つずつの組を比較する。aの並び方では、青い図形はダイヤ形に見えるのに対し、bの並び方では、青い図形は正方形に見える。青い図形の見え方は隣に並んだ図形からの影響によるもので、内耳の感覚器官による調整などは関係ないのでは？と言いたくなる人は、次のページの例を考えてみてほしい。

第1章 目の仕組み

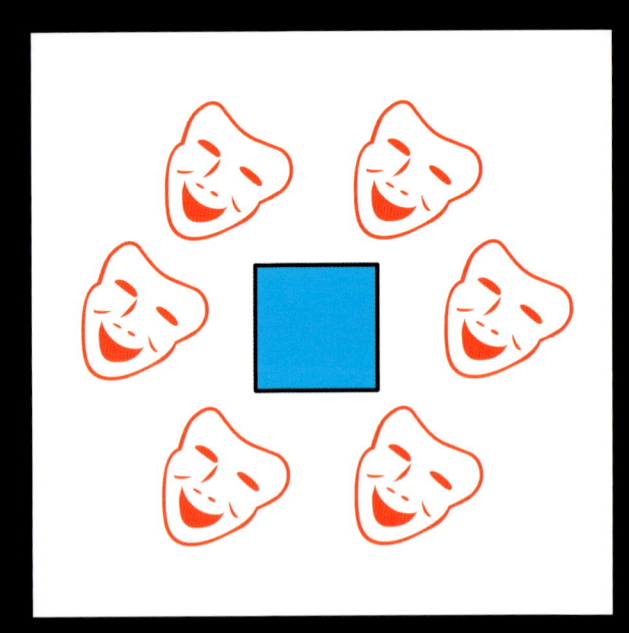

[上]
図形の傾きと見え方3
この図では、正方形は45度傾いた笑顔の面に囲まれている。もし隣り合う図形の方向が中央の図形の見え方を決めるのなら、ダイヤ形に見えるはずだが……。でもこれはやはり正方形らしいというべきだろう。

[下]
図形の傾きと見え方4
並び方を複雑にしてみよう。感覚の調整に混乱を引き起こせるかもしれない。この図では、あなたが縦の列に注目すれば、青い図形はダイヤ形に見え、斜めの列に注目すれば正方形に見える。この場合は周囲からの影響と感覚による調整の両方が、ともに働いているようだ。

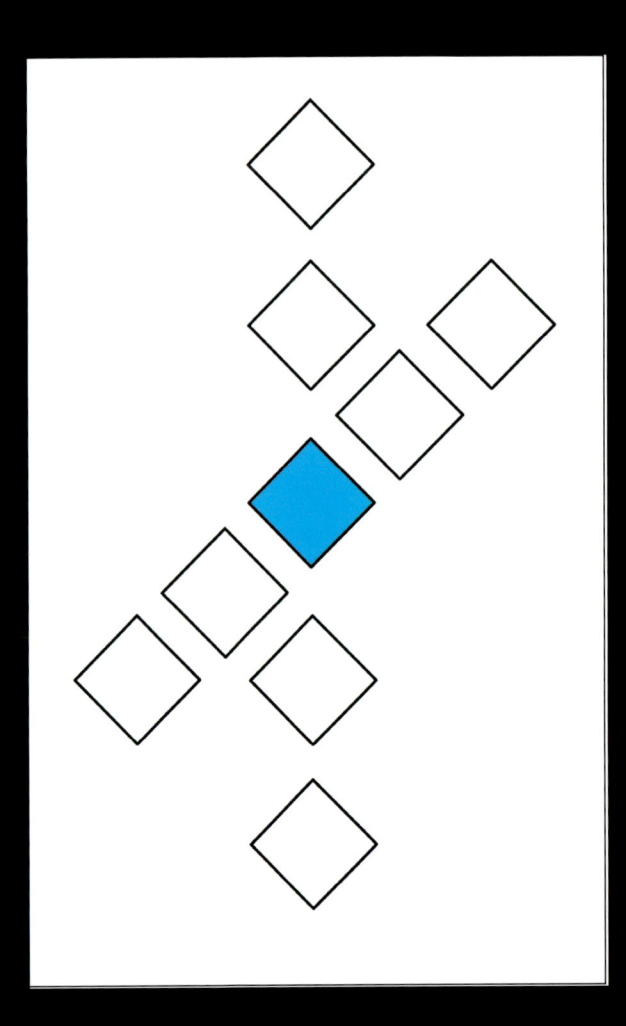

私たちはみな、人間の顔にはとてもなじんでいる。位置関係を把握する高度な能力のおかげで、逆さまになっていても、この2枚の写真が人の顔だと判断するのに何の問題もない。オバマ大統領であることもすぐにわかる……。ただ表情となると、口、しわ、目、眉毛など細かい部分にもっと注意を向けなくてはならない。私たちは各部分の表情を顔全体とは別に、脳のより発達した領域で認識する。言いかえると、各部分の識別は顔全体の認識より高度な知覚プロセスなのだ。だから高度に進化した内耳の器官によって、2枚の写真が顔であることは容易にわかる反面、一方の写真のある部分が歪んでいることに気づくまでには多少の注意と時間が必要になる。

バラク・オバマ
内耳の器官による修正、あるいはもっと広い意味の調整に関わる極端なケースを見てみよう。このオバマ大統領のイメージは、ヨーク大学（英国）のピーター・トンプソンによって考案されたサッチャー元首相のイメージに倣ってつくられたものだ。どちらの写真もオバマ大統領であることに間違いはなく、一見何の問題もないように見える。ところが本を逆さまにして写真を正しい向きに見てみると、一方のオバマ氏がどれほど異様な表情をしているかに驚くだろう。どうして騙されてしまうのだろうか？

第1章　目の仕組み

ニューロンのくすぐり方

　1961年、ハーバード大学で2人の有能な神経生物学者が、人間の視覚に関わる特殊な神経細胞（ニューロン）を発見した。この神経細胞は、私たちがある特定のラインを見るときにだけ興奮するという[注3]。ジョンズホプキンズ大学でさらに研究を進めた結果、それは暗示されたラインに反応する神経だと考えられるようになった。実験でこの神経細胞の存在を確かめることができる。

　ここに示した「主観的」錯視画には、淡い市松模様の地の上に4つの黒いパ

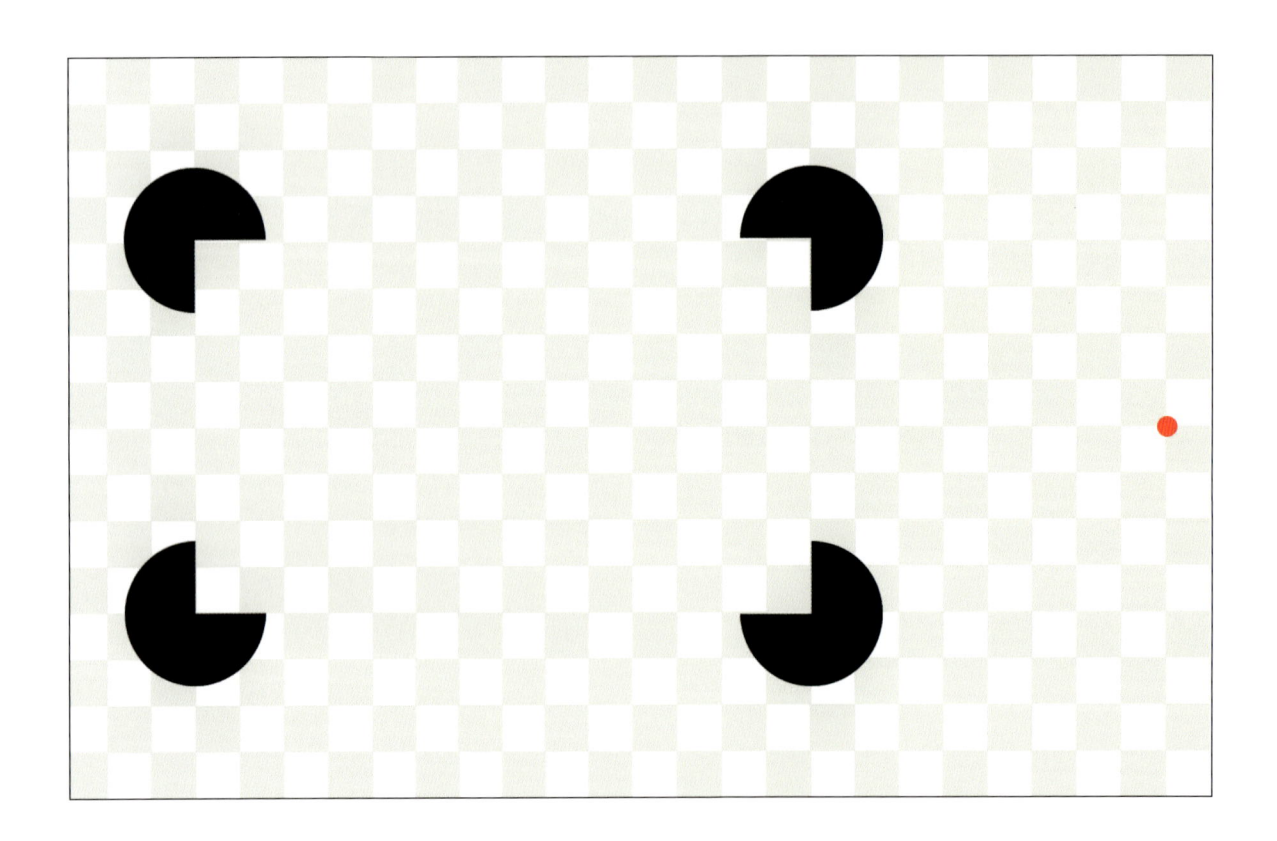

幻の輪郭からなる長方形

ックマン型の図形が配置されている。パックマンの開いた口が幻の長方形を浮かび上がらせている。これを主観的長方形と呼ぶことにしよう。主観的長方形の輪郭が幻覚であるなら、それを見ているとき脳内では問題の神経細胞が活動しているに違いなく、その存在は確かなものと考えられる。さらにこの神経細胞を「くすぐって」反応を観察することで、その存在を確かめてみよう。

　錯視画の右端にある赤い点に注目していただきたい。赤い点をじっと見つめながら、目の端に長方形の輪郭を保つようにする。わずかでも目は動かさない。少し経つと、長方形の輪郭が消えていくのがわかるだろう。薄い色の市松模様

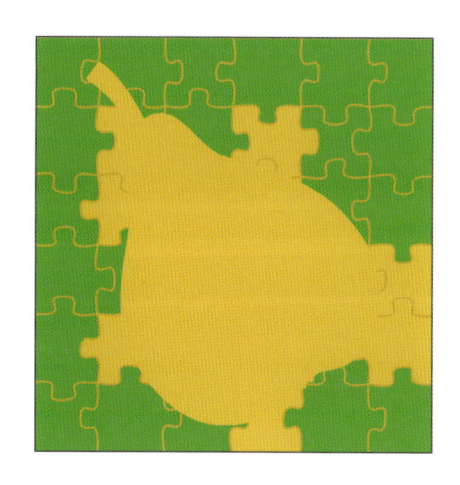

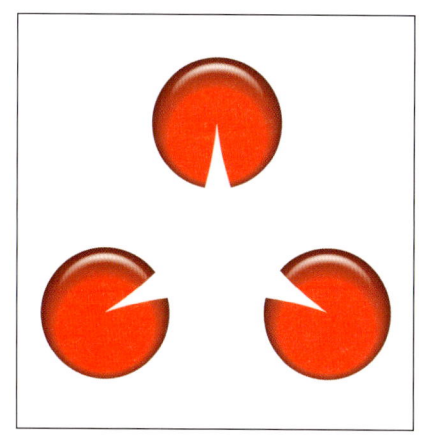

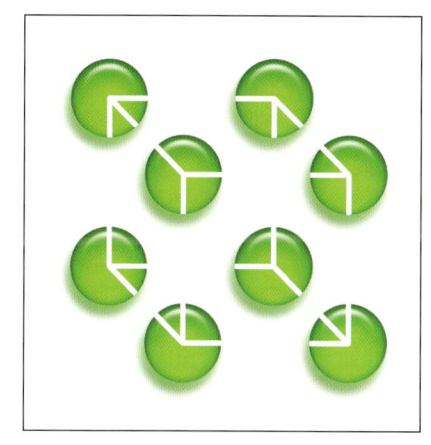

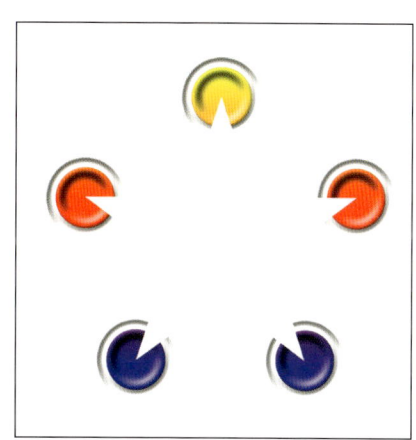

[左上]
主観的な洋ナシ（R・オズボーン、2009年）
洋ナシの輪郭が見えるだろうか。洋ナシはそこにある。だが、ないといえばない。

[右上]
主観的な星（R・オズボーン、2009年）
中央に三角形に輝く星が見えるだろうか？

[左下]
主観的な立方体（R・オズボーン、2009年）
立方体の見取り図が見えるだろうか？ 見えたら、あなたは自分が人間だと宣言していい。私たちは部分から全体をつくり出すのが得意な動物だ。

[右下]
塗料容器による主観的な星（R・オズボーン、2009年）
5つの絵の具缶を使った主観的な星。この星は、実際に描かれた星以上にリアルに見える。でもその理由は私たちが人間だから、という以外にはない。

や黒いパックマンは残っている。これはどういうことなのか？

　輪郭を見るためにあなたが使っていた神経細胞が、赤い点をにらんでいる間に「へばってしまって」活躍できなくなったのではないか。神経伝達のための化学物質が不足したので、補給のためにランチに出かけた、というところだろう。少し目を動かせば、新しい細胞が活躍して、また長方形は浮かび上がる。心配には及ばない。細胞が傷ついたわけではない。くたびれた細胞もまた元気をとりもどして、戻ってくる。ともかく問題の神経細胞は、実際に私たちのくすぐりに反応したのだ。

　ここから13ページにかけて登場する8つのイメージは、この神経細胞を刺激する錯視の実例である。いずれも暗示によるラインでできた主観的図形を見せてくれる。

第1章　目の仕組み　11

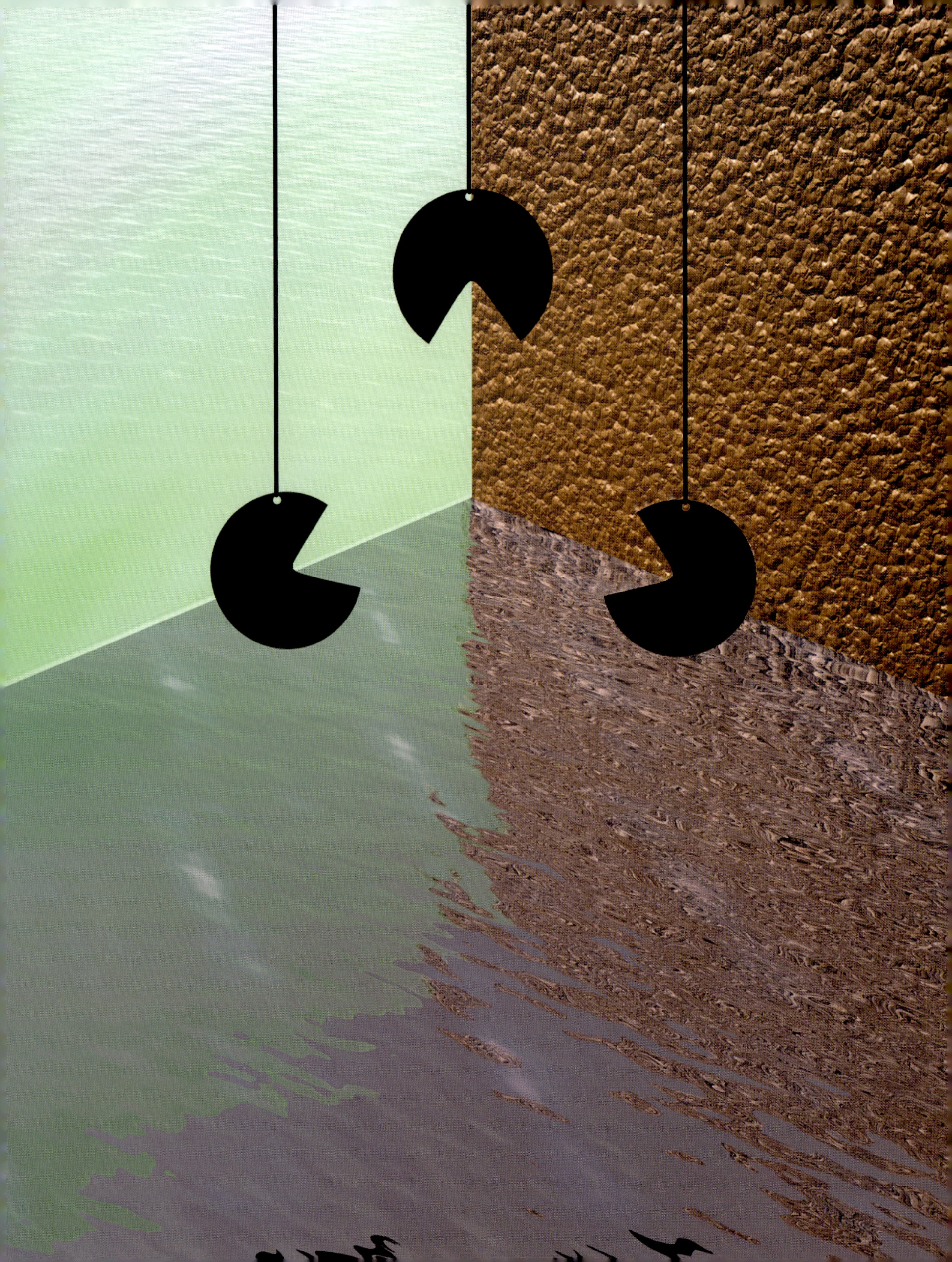

[左のページ]
浮かぶピラミッド（R・オズボーン、2009年）
反射するプールの上につるされた動く彫刻。中空に浮かぶ「主観的なピラミッド」が見えるだろうか。つるされた黒いパックマンの口に囲まれた空間を、注意深く見つめてみよう。背景の色や質感も含めて、ピラミッドの浮かんでいる様子を想像してほしい。

[左上]
CAST SHADOW（R・オズボーン、2009年）
あなたが見ている文字は存在していない。ただ文字の影が投影されているだけだ。影が消えれば、文字も消えてしまう。普通は印刷された言葉に影はないが、ここでは影が言葉を表している。

[右上]
主観的な正方形（R・オズボーン、2009年）
4つの同心円が正方形の影を浮かび上がらせる。私たちにとって、正方形はリアルで完全だ。ボトムアップのプロセスが脳内に響く。従うしかない。

[下]
主観的なピラミッドの見えるモビール（R・オズボーン、2009年）
主観的なピラミッドが見えるだろうか。それはモビールにつるされた3つの図形と部屋の角でできている。

第1章　目の仕組み　13

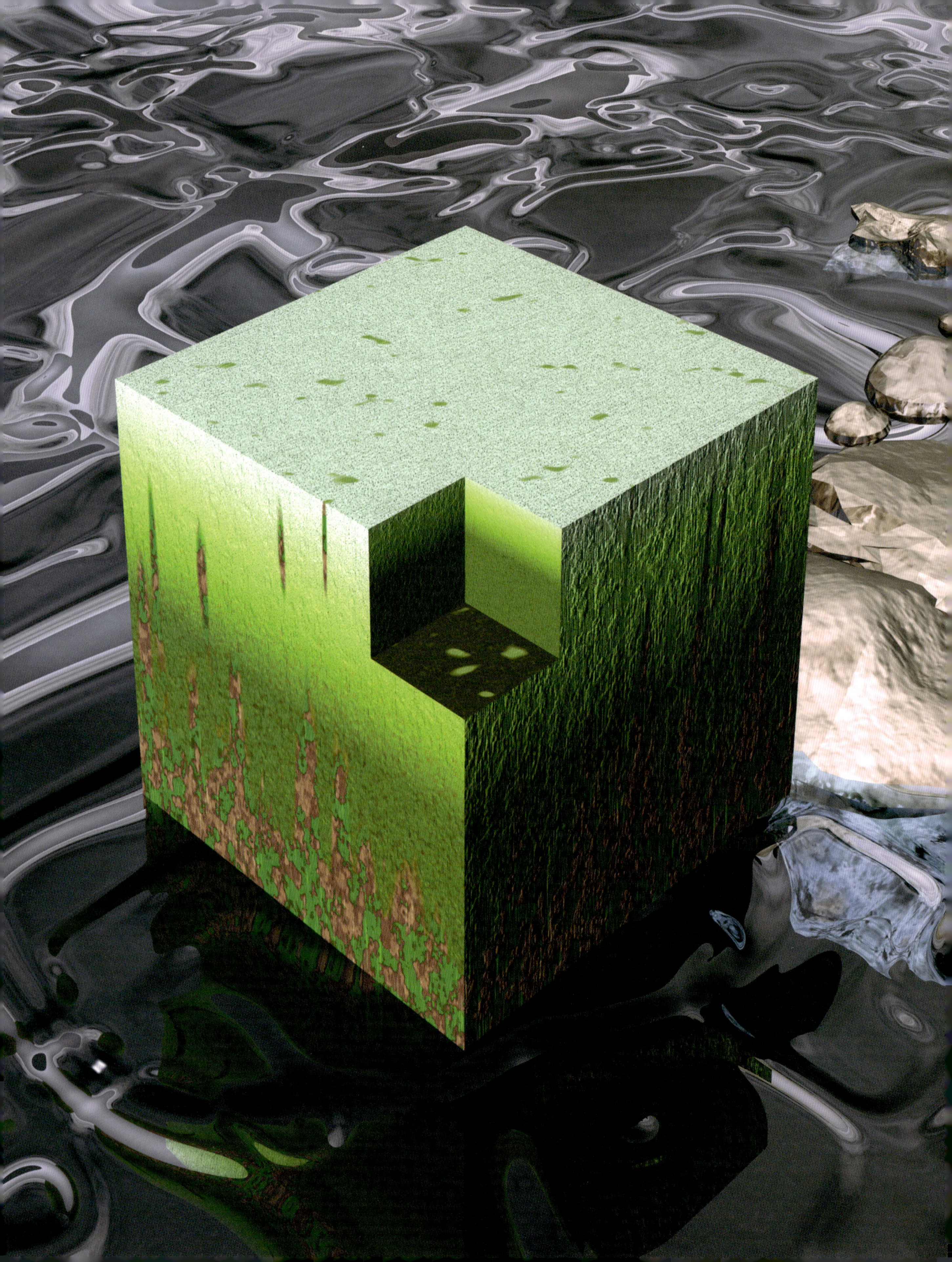

第2章 不確かな世界
An Uncertain Universe

> 視覚とは、つまるところ、制御された幻覚のことである。
> ——ヴィラヤヌル・ラマチャンドラン、
> ダイアン・ロジャーズ-ラマチャンドラン[注1]

誰かがあなたに言ったことが、複数の違った意味に解釈できる。そんな場面を経験したことがあるだろう。あることが2通り以上の意味をもちうるとき、「あいまい」とか「多義的」といわれる。眼球に入ってきたイメージは実はすべて、一つの例外もなく「あいまい」である——私たちの心がそのイメージを整理して、自分個人の現実に合うものに分類するまでは。私たちはみな違った見方で現実を見ている。多数の目撃情報を集める刑事に聞いてみたらいい。各人が自分のフィルターを通して現実を見ていることがよくわかる。私たちの目に見えるものはすべて、経験によって色づけされ、大量の遺伝情報が混ざっている。自分が信じるものこそが私たちの正体であり、私たちの正体とは私たちが知覚するもののことだ。

あいまいさを表現した作品は複数の見方ができるように工夫されていて、多義図形と呼ばれることもある。複数のものあるいは場面は、同じ空間を共有している。言いかえると同じ組み合わせの線や形でできた1枚の絵の中に、いくつもの意味が隠されていなくてはならない。少なくとも常に2つの見方ができるが、それ以上の見方が隠れている場合もある。

あいまいなだまし絵には多くの種類がある。この章では、立方体を扱ったもの、古典的な寓意作品、図と地の錯視画、顔を扱っただまし絵、そして知覚経験の確かさに挑むさまざまなクイズを見てみよう。

[左のページ]
角の欠けた立方体（R・オズボーン、2008年）
この立方体は3通りの見方ができる。まずはタイトル通り角が欠けた立方体。次に部屋の壁際のコーナーに小さな立方体が置かれている状況（逆さから見るとよい）。3つめは大きな立方体の前に小さな立方体が浮かんでいる図。一度これらの3つの状況を確認してしまえば、見方のスイッチを自由に切り替えることは難しくない。この図は自分で簡単につくれる。この図と同じ向きに描いてみれば、やはり3つの見方ができるのを確認できるだろう。ところで少しだけ立方体を回転させた図を描いてみると、小さい立方体が大きい立方体と反対の向きに回転していることがわかる！

複数の顔をもつ絵

　心は黙ってあいまいさを退けようとする。だから私たちは最初はあるがままに対象に目を向ける。だがその対象をしばらく見つめているうちに、何か別のものが姿を現わすかもしれない。初めから多義的な絵だと知らされている場合、別の意味やイメージを自力で識別できれば、冗談の意味がひらめいたり、パズルが解けたときのようなスリルを味わえる。

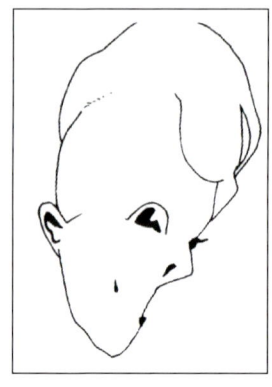

［上段・左］
母と父と娘（G・H・フィッシャー、1968年）
3つの顔がある。若い女性と年配の女性、さらに年配の男性だ。

［上段・中央］
面長の顔？　それともネズミ？（作者不詳）

［上段・右］
白髪の老人と若いカウボーイ（作者不詳）

［中段・左］
ウサギとカモ（作者不詳）
右向きのウサギと左向きのカモが描かれた古典的な作品。

［中段・右］
アザラシとロバ（作者不詳）

［下］
Love and Hate 愛と憎しみ（ジョッシュ・ソマーズ、2008年）
愛の影は、歪んだ憎しみなのか……。

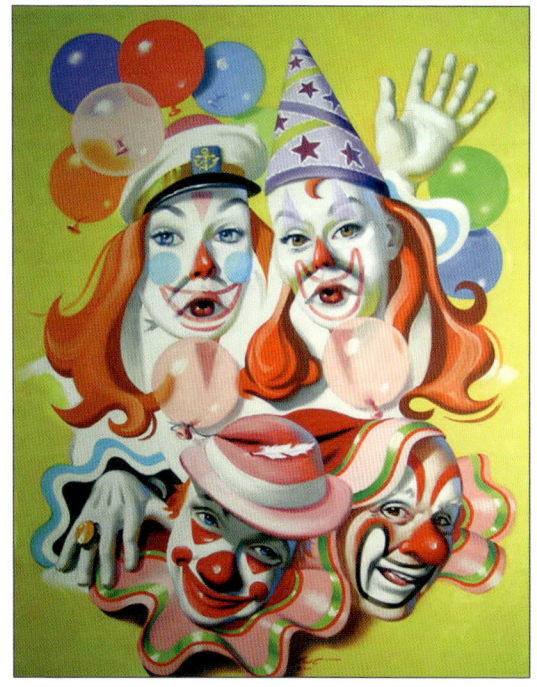

［左上］
人であふれた顔、あるいは顔をつくる人々（作者不詳）

［右上］
5人のピエロ（R・ラスティ・ラスト、2008年）
4人しか見えない？ もっとよく見て。

［左下］
世界の女（R・オズボーン、2011年）
この地球儀ではおなじみの大陸がいくらか歪んで見えているが、よく見るとそこには一人の女性の横顔が……。

［右下］
タカと魔法使い（R・オズボーン、2011年）
この恐ろしげなマスクは、ひげをはやした魔法使いにも見えるし、翼を広げたタカにも見える。

第2章 不確かな世界　17

怪しい立方体

3つ、あるいは4つのサイコロ（R・オズボーン、2008年）
一見、サイコロは3個だけのように見えるが、真ん中のスペースに注目してみよう。3つの面がつくる角がへこんでいるのではなく、とび出ていると想像してほしい。4つめのサイコロが見えるはずだ。第4のサイコロは浮かび上がったり、消えたりするのだから、幻覚といってよい。

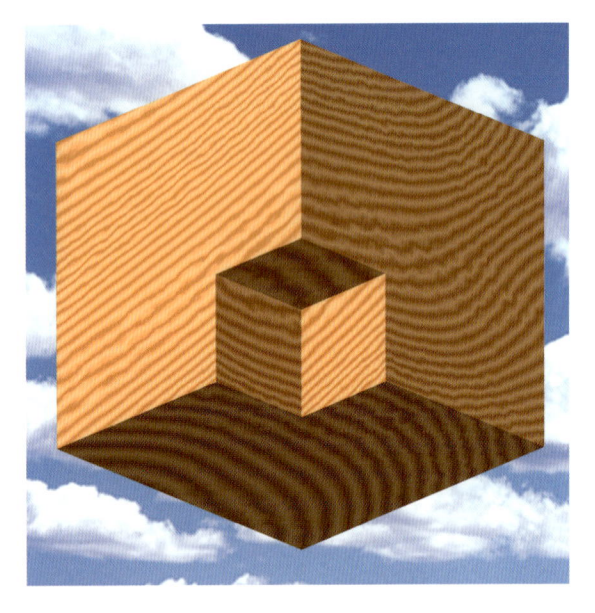

[左]
角の欠けた立方体（トニー・アゼベド、2006年）
この木材バージョンの立方体は、3通りのイメージが比較的浮びやすい。

[右]
立方体の組み合わせ
中央はへこんでいるのか、手前に別の立体があるのか——イメージは即座に切り替えられる。

立方体の積木（R・オズボーン、2010年）
4つめの「主観的な」積木が見つかるだろうか。その立方体には文字がない。

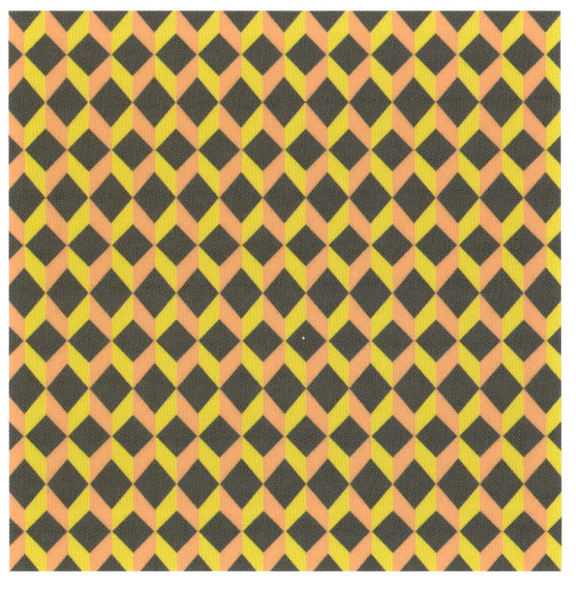

[左]
あいまいに積み重なった立方体
黒い面がみな上を向いている、と思った人は、黒い面が下向きの状態を視覚化してみよう。2通りの安定状態が実現できたことになる。

[右]
あいまいに積み重なった直方体
直方体の煉瓦は濃い色の面をみな下に向けている。こんどは濃い色の面がみな上を向いたイメージに切り替えてみよう。あなたはいろいろな絵を見て、いくつもの見方を探さずにはいられない。

第2章　不確かな世界　19

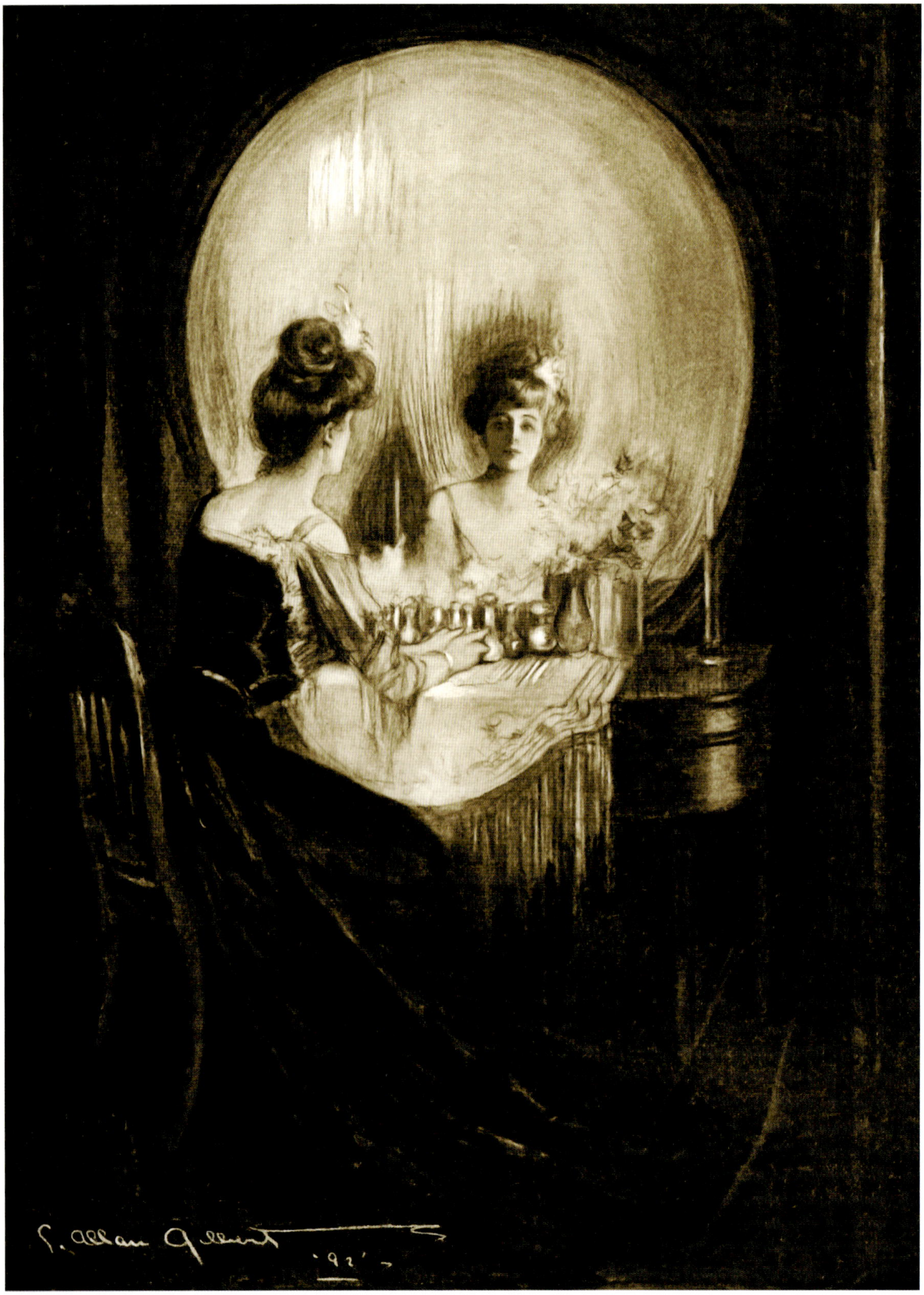
C. Allan Gilbert
'92'

一切は虚飾

「空の空、一切は空」——これは旧約聖書「伝道の書」冒頭部分からの引用で、「伝道の書」はソロモン王を名のる人物が世界の虚栄について説いたものと伝えられる。この引用句は数多くの文学的解釈・芸術的解釈を生み出した。おそらく最も有名な絵画作品は、アメリカの画家チャールズ・アラン・ギルバートの手になる『一切は虚飾』という寓意画だろう。1892年に完成したギルバートのだまし絵は、化粧鏡の前に座る若い女性を描いたものだが、全体が不吉な頭蓋骨にも見える。一枚の絵の中に描かれた各要素は、どちらのイメージにも共有されている。

人目を引くこの演出作品が初めて商業宣伝に使われたのは、1902年に鉄道のパンフレットに掲載されたときで、パンフレットは5セントで売られた。不吉な印象から当初は不評も買ったが、この絵は商業的にヒットし、同種のイメージはおそらく歴史上最も繰り返し描かれることになる。第36代米国大統領リンドン・B・ジョンソンの母レベッカさえ、教師をしていたテキサスの学校で、たびたびこの絵のことを話題にしたという。

チャールズ・ギルバートは、伝統ある週刊誌『サタデー・イブニング・ポスト』の表紙絵を始め、多数の仕事によってそれなりに評価されている。ただ脚光を浴びたJ・C・ライエンデッカー、ノーマン・ロックウェル、後のアンドルー・ワイエスなどに比べると、印象は地味だ。経歴の多くの部分はそれこそ「あいまい」といえるかもしれない。ギルバートは1929年に亡くなったが、だまし絵はこれ以外には描いていない。

他の古典的寓意作品

『一切は虚飾』のような大衆向けのだまし絵が、さまざまな寓意を込めて描かれるようになる。19世紀はまだ慎みと道徳の力が強い時代だった。ホレイシオ・アルジャーによる「極貧から富裕へ」というテーマの小説が熱狂的人気を博し、アメリカの拡張を擁護する「自明なる運命」の思潮が、アメリカ人の心に天命と特権の感覚を吹き込んだ。ヴィクトリア朝の19世紀にはアメリカでも、ピアノの脚に縁飾りをつけるのが流行っていた。しかし時代は変わりつつあった。自由気ままなジャズ音楽や開放的な新しい女性に象徴される「狂騒の20年代」がもうすぐそこまで迫り、表面下ではその精神がうごめき始めていたのである。

[左のページ]
一切は虚飾（チャールズ・アラン・ギルバート、1892年）
歴史上最も複製・模倣されることの多いだまし絵だろう。

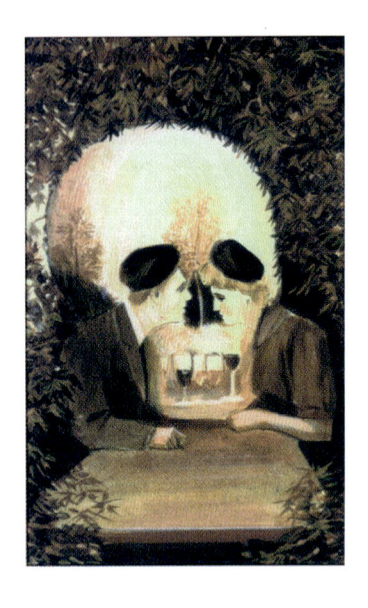

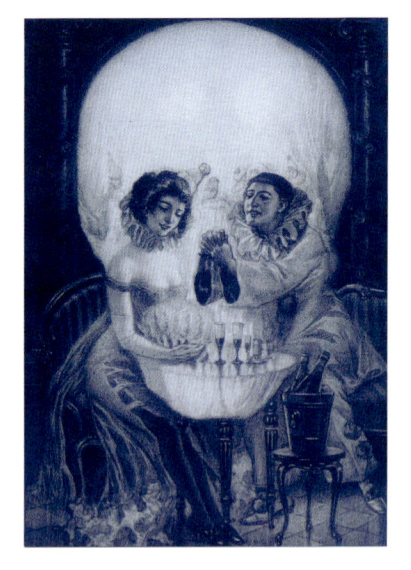

［上段・左］
恋人たちと頭蓋骨（作者不詳）

［上段・中央］
ピエロの恋（フランスのポスター、1905年頃）

［上段・右］
昨日、今日、明日（作者不詳）

［下］
社交界、ある肖像（ジョージ・ウォザースプーン）
ウォザースプーンによる19世紀の代表的寓意画で、街に繰り出した粋な紳士を描いている。よく見ると、紳士の上半身と両脇の夫人の帽子がロバの頭のように見える。「浮かれた90年代」ともいわれる1890年代には、文化や風俗をテーマとする寓意的作品が流行した。

［右］
年老いたジプシー（作者不詳）
少女の髪が、壊れやすい美の性質を暗示している。

［左］
ゴシップには、悪魔も加わる（ジョージ・ウォザースプーン）
ウォザースプーンによるもう一つの寓意的作品。2人の婦人がうわさ話に興じているが、背後には悪魔の顔が浮かび上がっている。この版画はしばしば『一切は虚飾』とともに紹介され、誤ってチャールズ・ギルバートの作とされることもあった。ウォザースプーンは同時代の画家で、ギルバートの仕事に影響を与えた可能性もある。

第2章　不確かな世界

反転

[上]
乗馬（R・オズボーン、2011年）
馬にまたがった人物はこちらへ近づいてくるのか、それとも遠ざかっていくのか？

[下]
マッハの本（R・オズボーン、2008年）
考案者エルンスト・マッハにちなんで名づけられた有名な反転図形。この本はあなたに向かって開いているように見えるが、こちらに背を向けているようにも見える。奥行きについての反転が可能な絵だ。紙を半分に折ってから開き、適切な角度から見れば、自分でも手軽に確かめられる。

図と地の錯視

　科学者は多義図形の認識プロセスを、しばしば「図と地の反転」という概念で説明する。私たちの思考過程にある微小な時間差が、2つのものを同時に見ることを妨げている。ただ私たちのほとんどはこの時間のずれに気がつかず、2種類のイメージを同時に見ていると思い込みがちだ。初めに示したろうそくのデザインは、図と地の古典的な錯視イメージである。

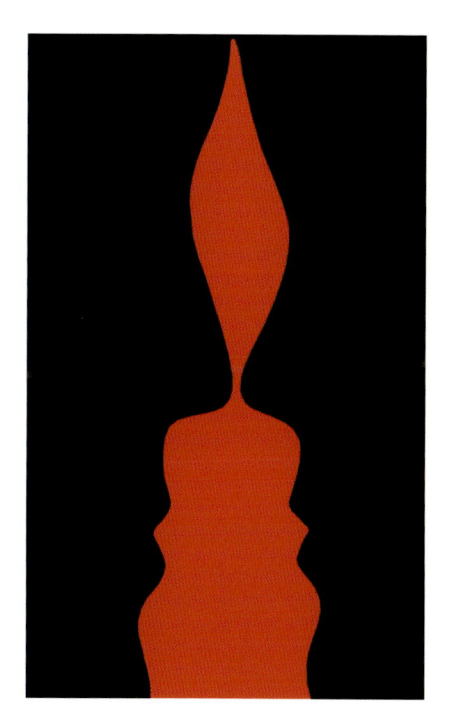

［左上］
ろうそくと恋人たち（作者不詳）
赤いろうそく、あるいは顔を近づけ合う2人のシルエット？ろうそくの絵と見れば、2人の横顔は背景になるが、逆の見方も可能だ。

［右上］
恋の盃（作者不詳）
1864年頃から使われた手作りの革製絵葉書。盃と見つめ合う男女を素朴に表現している。

［左下］
横顔の見える縞模様の盃（作者不詳）

［右下］
ワインで「おもてなし」（R・オズボーン、2011年）
2つのワイングラスと1本のボトル？

第2章　不確かな世界　25

［上］
リンカーンと木彫りの燭台（R・オズボーン、2009年）
エイブラハム・リンカーンの横顔が見えるだろうか。その横顔は木彫りの一部なのか、それとも背景の一部というべきか。

［下］
ジョージ・ワシントンの見つめる花瓶（R・オズボーン、2010年）

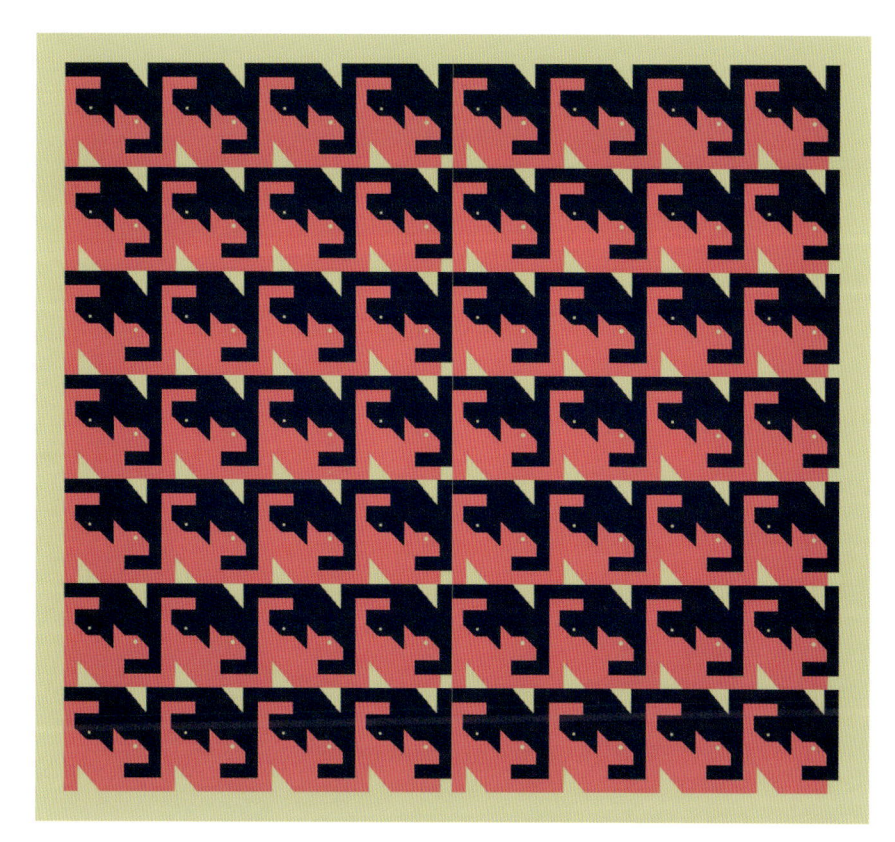

[上]
あいまいな模様（R・オズボーン、2010年）
ほとんどの人の目には、まず横を向いた赤い猫が見えるだろう。よく見れば、反対向きの黒い猫にも気づくはずだ。

[下]
だまされぬように（ジョッシュ・ソマーズ、2008年）
柱の間の空間は、アーティストのシルエットにもなっている。

第2章　不確かな世界　27

顔のある世界

　自然はいたる所で、思わぬイメージを提供してくれる。特に人の顔のように、私たちが深くなじんでいるものは印象に残る。赤ん坊が最初に認識するものは人の顔であり、その後一生を通じて人は顔に引きつけられる。雲の形、壁紙の模様、木の葉、果物の皮、納屋の扉、岩の配置、そして月面にさえ、顔は見てとれる。ここに私の気に入っている例をいくつか紹介したが、いずれも思わぬ場所に浮かび上がる顔が興味をかき立てる。

[上]
火星の岩に浮かび上がった顔
NASAのバイキング1号が1976年に火星軌道から撮影した写真。

[下]
見上げる岩（オレゴン州バンドンの海岸）
悪天候にもかかわらず、巨大な横顔が穏やかに空を見つめている。

[上]
幸せな家

[中央]
しかめっ面のパンジー

[下]
顔の見える風景（ヴェンツェル・ホラー、17世紀）
自然の中に顔が見つからないなら、自分でつくり出してみよう。

第2章　不確かな世界

隠れているものを探す

　ここから33ページまでは、細部への注意力と対象を識別する能力を試すクイズとして紹介しよう。きわめて古典的な作品も含め、古いものと新しいものが混ざっている。（このページの3つの作品については149ページに答えがある。）

[左上]
クイズ1（R・オズボーン、2008年）
このスケッチでは、前景の対象を背景から識別するための要素が、かなり取り除かれている。何が描かれているのだろう？

[右上]
クイズ2（R・オズボーン、2007年）
この絵も手がかりが乏しいが、見分けられるだろうか？

[下]
トールゲートNo.3（R・C・アビー）
1888年のパズルカードに使われた絵。多数の動物や人形が隠れている。いくつ見つけられるだろうか？

［上］
10人の友達（R・ラスティ・ラスト、2007年）
この絵には9人しか描かれていないように見えるが、10番目の"友"はどこに隠れているのだろう？

［左下］
ボナパルトのスミレ（作者不詳）
スミレの絵に隠されたナポレオン・ボナパルトとその家族の横顔を見つけてほしい。ナポレオンがエルバ島に流されたとき、忠臣たちはひそかに支援を続けた。彼らは"キャプテン・バイオレット"という暗号名を用い、秘密のメッセージを仲間の忠臣たちに数多く届けた。

［右下］
夢（R・ラスティ・ラスト、2007年）
少年の夢見ているものは何だろう？

第2章　不確かな世界

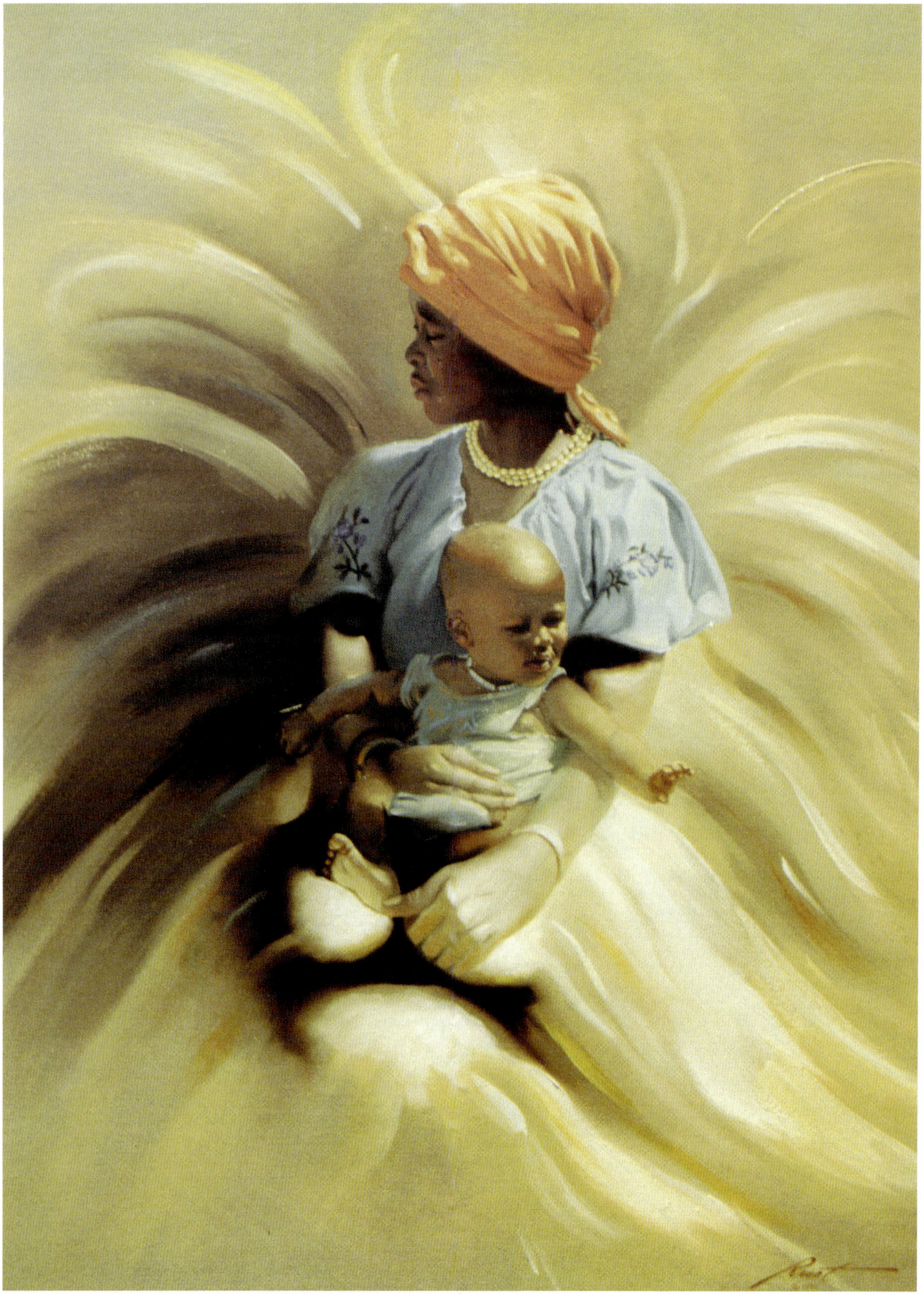

[左のページ]
ライオンの国（R・ラスティ・ラスト、2007年）
アフリカの母と子が金色に輝く草に包まれている。ライオンはどこにいる？

[上]
隠れたトラ（R・ラスティ・ラスト、2007年）
The Hidden Tigerという題のこの絵は、ラスティによる最も巧妙なだまし絵の一つ。からくりが見抜けるだろうか。トラを注意深く調べてほしい。

[下]
隠れたライオン（R・ラスティ・ラスト、2007年）
シマウマの群れを描いているようだが、ライオンはどこに？

第2章　不確かな世界　33

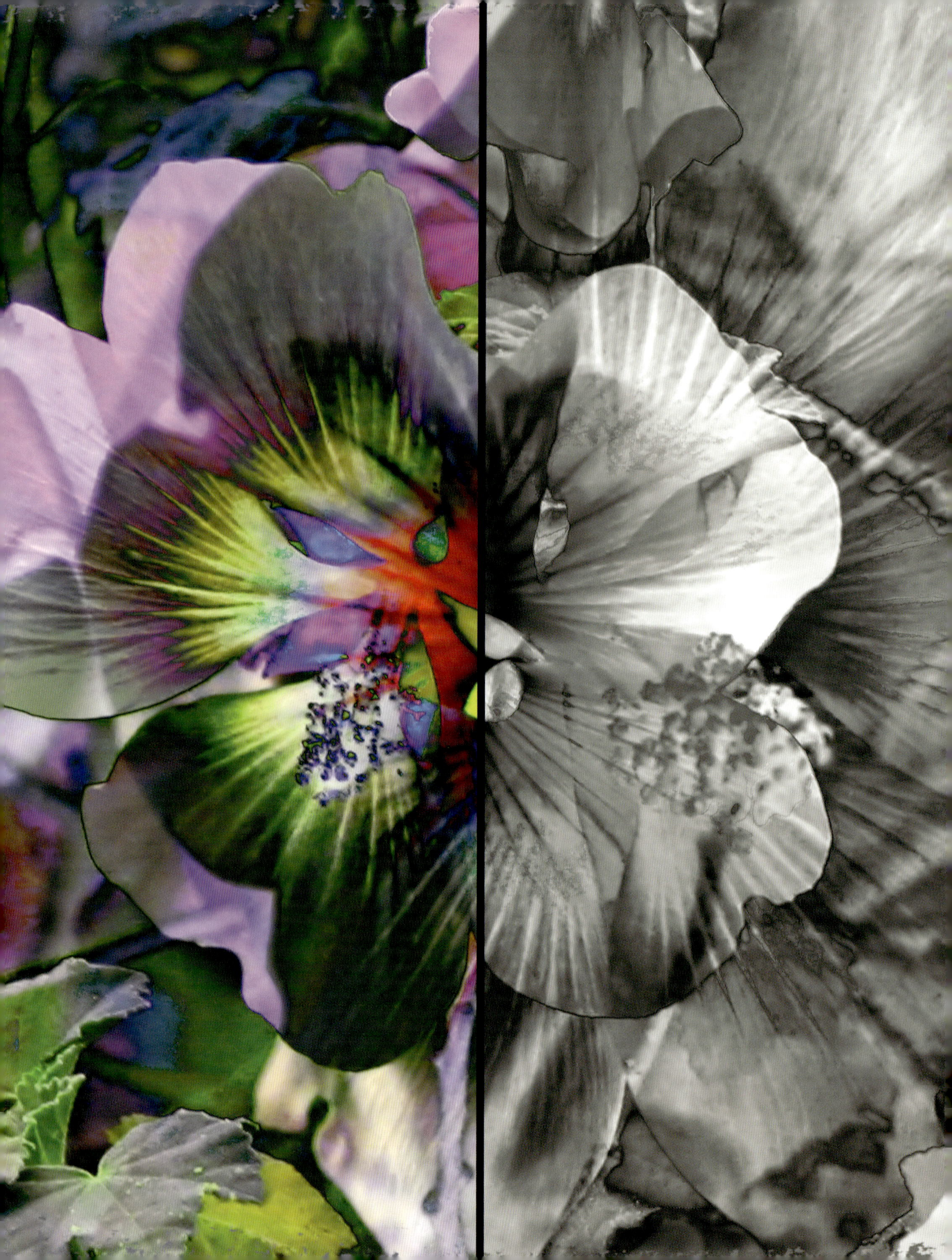

第3章

頭の中の色彩
Color on the Mind

色、音の高低、音の大きさ、重さ、熱について考えてみたまえ。
それぞれが物理学における一分野のテーマだ。

　　　　　　　　——フランスの数学者ブノワ・マンデルブロー

　　色の感覚はどちらかといえば飾りのようなものであり、色を見分ける能力はいわば「おまけ」だといわれてきた。この世界でいろいろやっていくのに本当に必要とは言い難いものだと。結局、多くの動物は色を見分けられないし、それでも立派に生きているのだから。たとえば周りにいる犬を見てほしい。彼らは色などあまりわからないはずだが、実に幸福そうではないか。

　もちろんクロード・モネのような画家にそんなことを言えば、反撃を食らうことになる。「色彩は一日中私にとりついて離れない。私の喜びであり、苦しみだ」と。色の識別は人間であることの本質的な部分だとする最近の研究[注1]には、モネも慰められたことだろう。すべての生き物は必要に応じて、適切な見方を身につけている。カエルは動くもの以外、ほとんど見えないも同然だ。タカは私たちよりはるかに遠くまで見える。ウサギも、かすかな動きを感じる能力では私たち以上だ。色を見分ける動物は多いが、多くの場合、網膜には色を感知する錐体細胞が2種類しかない。赤・青・緑の3原色に対応した錐体細胞をもち、脳の半分近くを視覚のために捧げている人間には、さまざまな色合いを見分ける驚くべき能力が備わっている。

　「花粉、万華鏡の輝き」と題された左のページのイラストを見てほしい。デジタル画家C・H・ブリテンハムの作品だが、右半分はモノクロに加工してある。フルカラーの左半分は多様な色彩に細部まで輝いて見えるが、右側の細かい部分は目立たない。ものの色というのは、その表面でどんな波長の光が反射する

[左のページ]
花粉、万華鏡の輝き（チャック・ブリテンハム、2008年）
このデジタル画像における左右の対比によって、モノクロで見る世界と生き生きとしたフルカラーの世界の印象の違いがよくわかる。

かによって決まる。たとえばラッパズイセンが黄色く見えるのは、花が黄色の光だけを反射して他の光を吸収するからだ。物理的にはそういうことだが、実はそれだけではない。色の知覚には、知識や予測に依存するトップダウン型の脳内処理（第1章）も関わっている。もし色というものが単に光の波長と面の反射率だけで決まるのなら、ラッパズイセンの色は環境の変化とともに劇的に変わるはずである。もしボトムアップ型のプロセスのみが色の知覚に関わり、ものの色が目に入る光だけで決まるのなら、暗い陰にあるラッパズイセンの色は日光を浴びたときとは極端に違って見えるだろう。しかしながら「色覚恒常」と呼ばれる不思議な知覚作用のおかげで、日陰のラッパズイセンもやや暗い感じながら、同じ黄色に見えるのが現実である。私たちの心は、周囲の光と影による大幅な変化があっても、ラッパズイセン特有の反射率がもたらす特徴をしっかりと把握することができる。

　色の知覚について、良い話と悪い話を一つずつつけ加えておこう。悪い方はその正確な働き方を私たちはまだ十分に理解していないということである。良い話は、私たちの知っていることの多くが錯視を用いた研究によって明らかになったという事実だ。

水彩効果

　最近科学者が注目していることの一つに、ものの縁や境界をどのように認識するかという問題がある。些細なことのように聞こえるかもしれないが、実は日常的にものを知覚する能力にとって本質的な問題である。脳にとって境界が重要なのは、境界によって私たちはものの広がりや形を知るからだし、色が通常その境界内にとどまってイメージが明確になるからだ。脳の中では常にこんな自問が繰り返されている――「この色はどこで途切れる？」「次の色はどこから始まる？」答えがわからなければ、くっきりと美しいラッパズイセンではなく、ぼんやりした黄色いシミを前にして首をひねるしかない。ここに紹介したいくつかの例は、脳がこういう疑問の答えを見つけるのに特別な神経細胞にいかに頼っているかを示している。最近発見された水彩効果という現象[注2]は、色のにじみ効果などともいわれ、知覚を助ける境界の用い方に光を当てるものだ。

水彩効果（R・オズボーン、2009年）
ステンドグラスのような図の中で、水彩効果のない正方形は見分けやすく、はっきりと真っ白に見える。それに対し、淡い色で縁取られた正方形は白っぽい部分も薄く色がにじんでいるように見える。縁の淡い色は内側の白い部分には広がって見えるが、黒い境界線を越えることはない。

下の２つの地図に注目してほしい[注3]。これはフリント老船長の地図だ（フリント船長は小説の登場人物。宝の山が隠してある場所の印がないが、それはここでは関係がない）。地図１は入り組んだ境界の内側が青く縁取られている。薄い青色が縁から内側に向かってかすかに染み出し、広がっているように見える。私たちの脳は青色が内側のスペースににじみ出していくことは進んで受け入れるが、けっして明確なオレンジ色の境界線を越えて外に広がることは認めない。脳の中には、境界監視官の役割を果たしている細胞があるに違いない。

　地図２では、オレンジ色の境界線の外側が青く縁取られている。こちらはオレンジ色の境界線が青色の内部への染み込みを遮断している。実際、この島は周囲よりもさらに真っ白に輝いて、まるで浮き上がっているようだ。薄い青は今度は外側に広がって見え、真っ白な島と周囲の海のイメージが印象的だ。こうしてみると「境界をコントロールする神経細胞」というものがあって、それが三次元世界の知覚を理解するための鍵であるのかもしれない。

[左]
宝島、水彩効果が見られる地図１（R・オズボーン、2009年）
薄いブルーが島を覆っているように見えるのは錯視である（どちらかといえば島というより湖という印象だが）。実際にはオレンジ色の境界線と細い縁取りしか描かれていない。

[右]
宝島、水彩効果が見られる地図２（R・オズボーン、2009年）
こちらの水彩効果は外側に広がっていて、「外海に浮かぶ島」という演出に一役買っている。

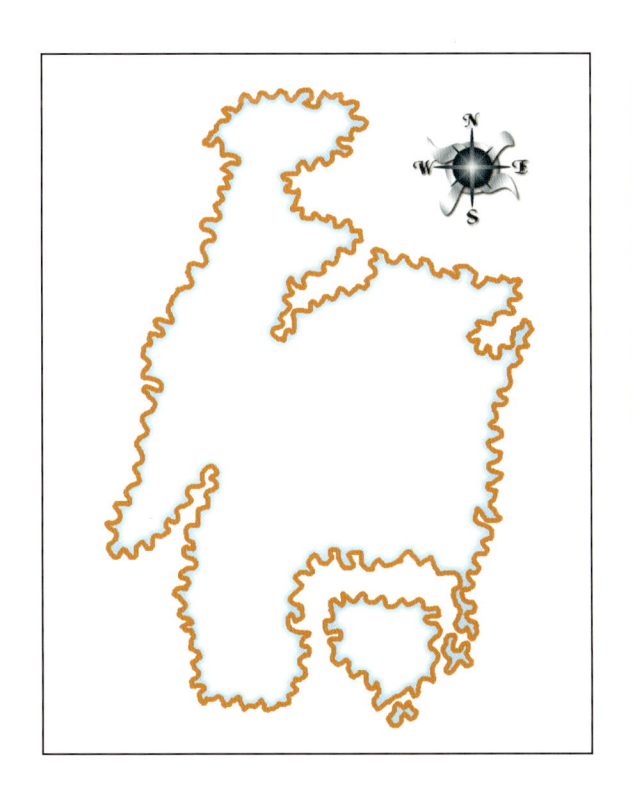

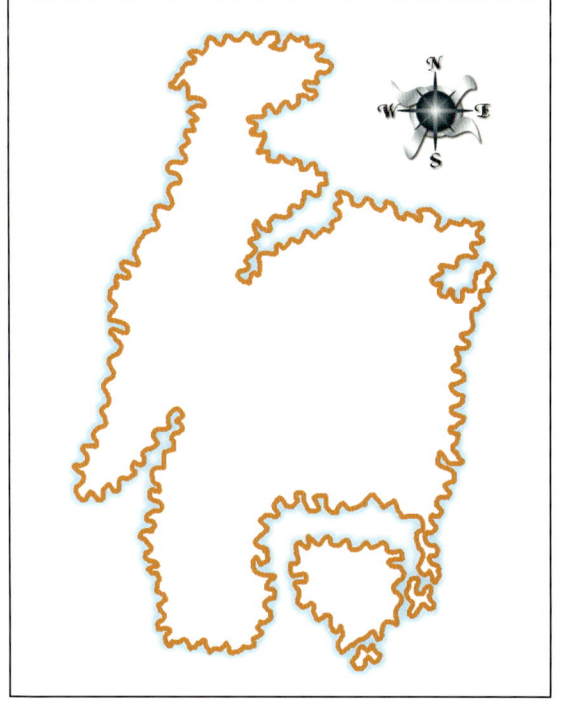

第３章　頭の中の色彩

はっきりとした境界線があるかどうかは、水彩効果にとって本質的なことではない。そういう境界の描き方をしていない例を見てみよう。この「境界の目立たないにじみ効果」という例は、半分に折られてから広げられた紫の紙のように見える。もちろん実際には紙ではないし、折られてもいない。中央にきわめて目立たない薄いラインが引かれていて、それが三次元効果を生んでいるのだ。下の白い部分で中央のラインは確認できる。右半分の紫が左側より濃く見えるのは錯覚である。目立つ境界線はないが、濃く見える部分は左側には一切広がっていない。かすかな濃淡の差でも、私たちの心にとって明確な境界線と同じ役割を果たすことがある。

[上]
境界の目立たないにじみ効果（R・オズボーン、2009年）
中央に薄いラインが引かれているだけなのだが、その効果は右半分を覆っている。右側全体が左側より暗く見える。もちろん実際には右も左も同じ紫だ。

[下]
ピンストライプ（R・オズボーン、2007年）
このデザインで使われている青はどこも同じで、濃さは一様である。中央部分の黒い縞の影響で、そこだけが周りより濃い青に見えるのは錯覚だ。

[右のページ]
対比による明暗（R・オズボーン、2009年）
このデザインには黒を除けば、4つの色しか使われていない。緑や茶色などそれぞれの中に濃淡の差が見えるのは錯覚である。間近にある黒との対比で、濃淡に違いがあるように感じる。

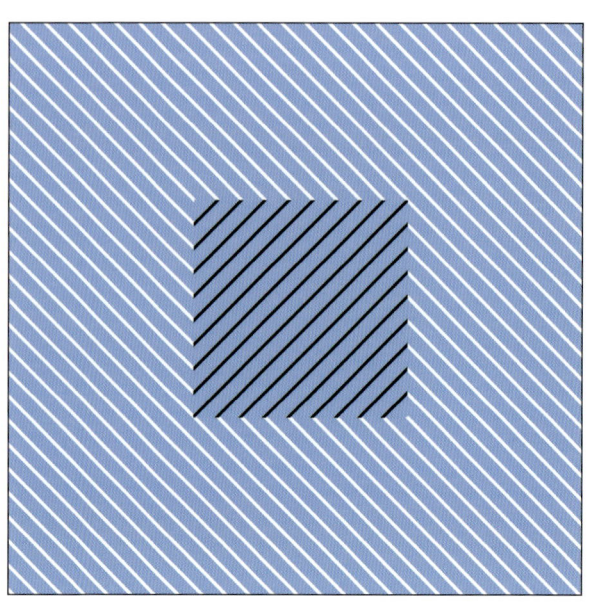

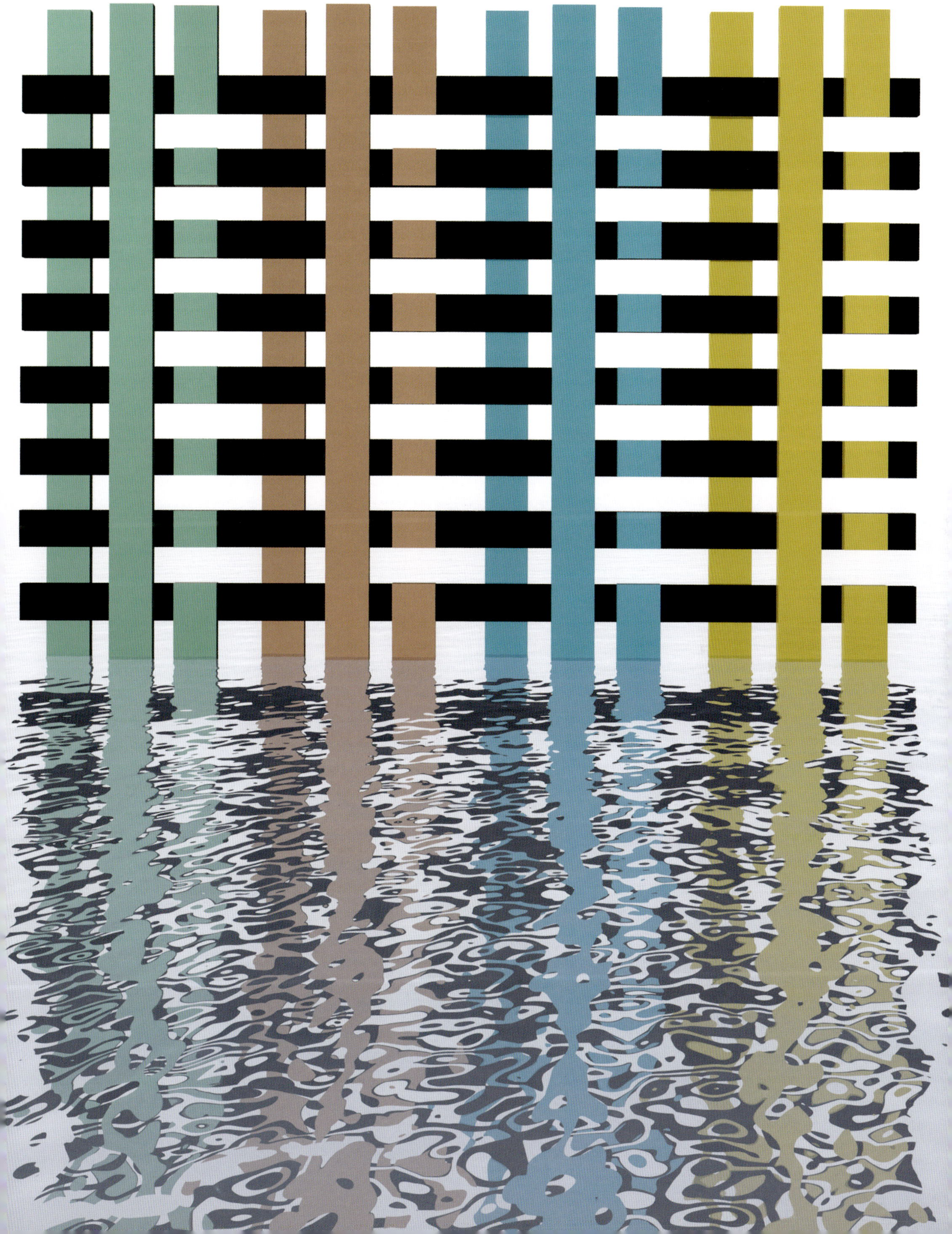

競い合う色

　人間は25万もの色を見分けられるという。目に見えるすべての色は、程度の差こそあれ、他の色の見え方に影響を与えている。ある色の明るさが近くの別の色の明るさと異なっているとき、その対比はコントラストと呼ばれる。

　錯視に促されて私たちはものを比較するわけではない。比べることは人間にとって、ほとんど息をするのと同じくらい自然なことである。何かの姿を目にすると、私たちは即座にその周囲と対比しないではいられない。コントラストによる錯視の例を、この「グレーの帯」という図で見てみよう。内側の細い帯の灰色は、左から右へ次第に濃くなっているように見える。これは右から左へ濃くなっている周囲の影響による錯覚で、実際には細い帯の灰色は均一である（周囲を紙などで覆ってみればすぐにわかるので確かめてみよう）。要するに、明るい色は近くの色を暗く見せ、暗い色は逆に明るく見せるということだ。

　「10%ごとの変化」という下の図も同じ錯視例だが、今度は白から黒への変化が段階的に進んでいる。周囲の変化が段階的であれ、なめらかであれ、中のグレーの帯は明るい所では暗く、暗い所では明るく見えることに変わりはない。この例では、中央部分で地と帯のグレーがまったく同じになっている。

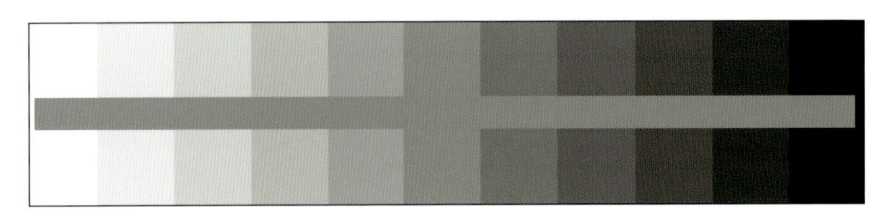

[左]
見かけの違い（R・オズボーン、2009年）
2つの丸いオレンジ色はまったく同じ色だ。明るさも変わらない。

[上]
グレーの帯（R・オズボーン、2009年）
この錯視は、色の知覚というものがいかに状況に影響されやすいかを示している。私たちは細い帯のどの部分を見るときも、周囲と対比せずにはいられない。

[下]
10%ごとの変化（R・オズボーン、2007年）
周囲の灰色は10%ずつ段階的に暗くなっている。細い帯は左が暗く見える。

幻の陰影

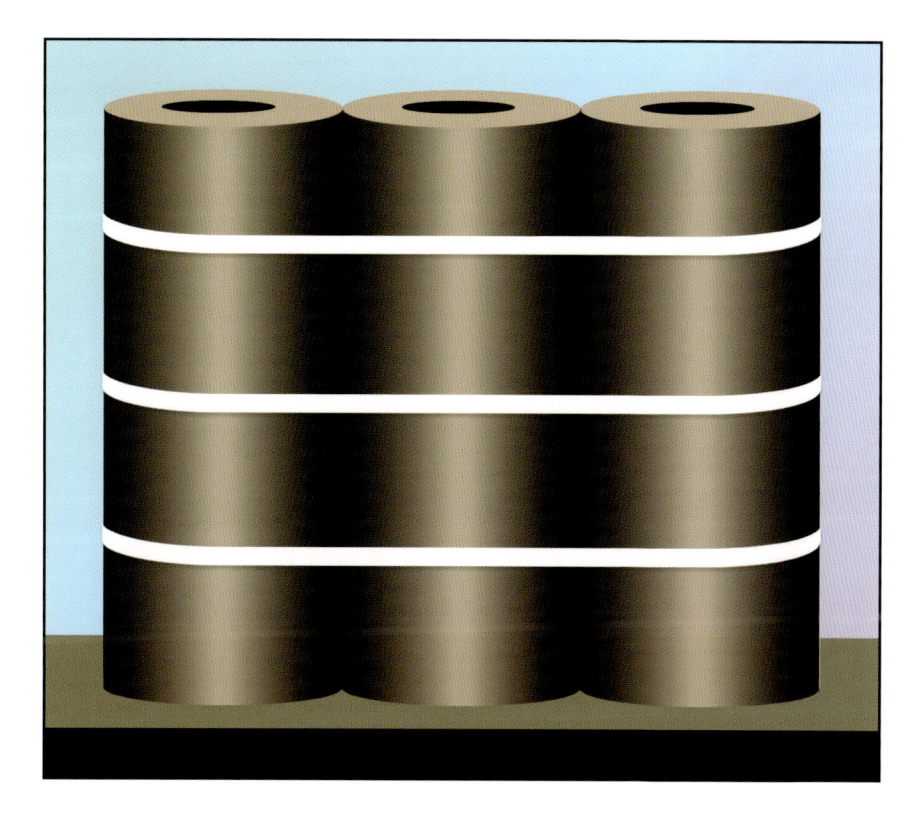

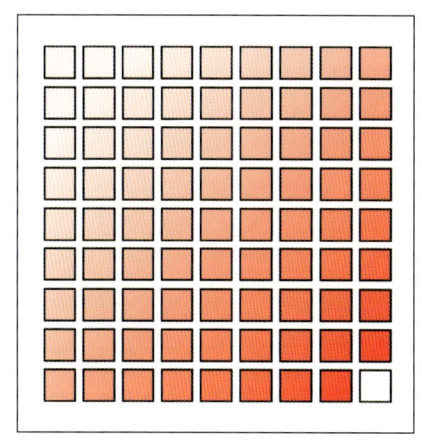

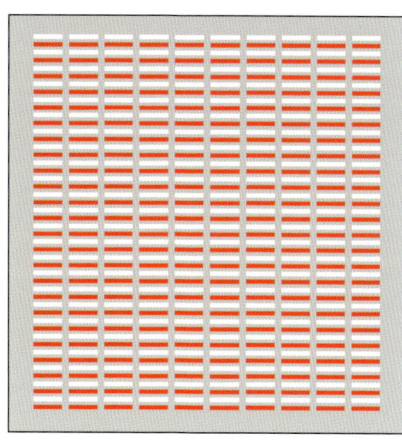

[上]
円筒形の貨物（R・オズボーン、2009年）
円筒をくくっている3本のテープは、コントラストの強い所では明るく、コントラストの弱い所では暗く見える。

[左下]
ピンクの点（R・オズボーン、2008年）
正方形の間にできた十字路の部分に、不鮮明なピンクの点が明滅することに気づくだろうか。いくつもの小さな点はあなたが見つめていないところに現れるのでは？ 点そのものを見つめようとすると、消えてしまうはずだ。そして白っぽい正方形の付近では、はっきりとは見えない。

[右下]
コントラストの生み出す模様（R・オズボーン、2009年）
このデザインでは、背景のベージュの部分に濃淡の模様が見える。紅白のバーが交互に並ぶ縦の列の間に、不鮮明な明暗のパターンが潜んでいるように見える。ただしそれをまともに見ようと注視すると、消えてしまう。

第3章 頭の中の色彩

エーレンシュタイン図形とその発展

ドイツの心理学者ウォルター・エーレンシュタインが1941年に発表したシンプルな錯視例では、放射状の線分の中央に明るい円形のイメージが浮かび上がる。オリジナルのデザインをここに示したが、左側の中央の円は、黒いラインで縁取った右の円より明るく輝いて見える。

エーレンシュタインの図形を用いた最新の研究は、脳におけるコントラストと色の知覚の仕組みに新しい光を当てている[注4]。ここに紹介する5つの例は、私が試作したエーレンシュタイン図形の発展バージョンである。

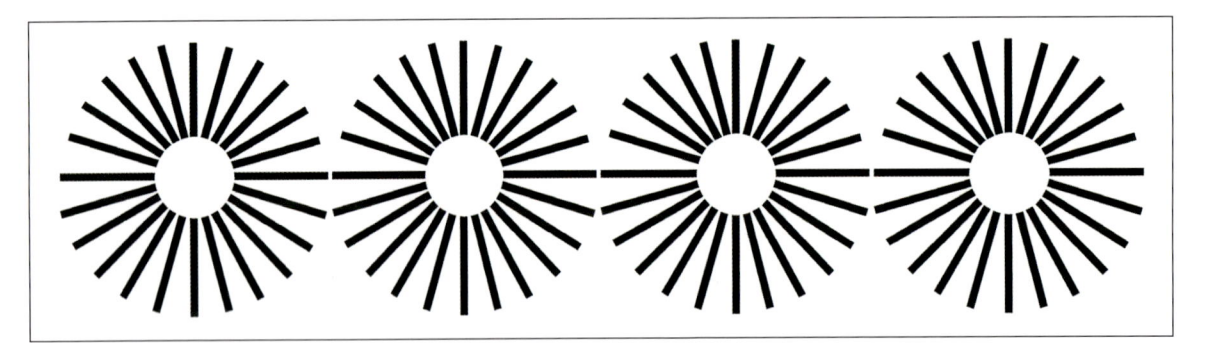

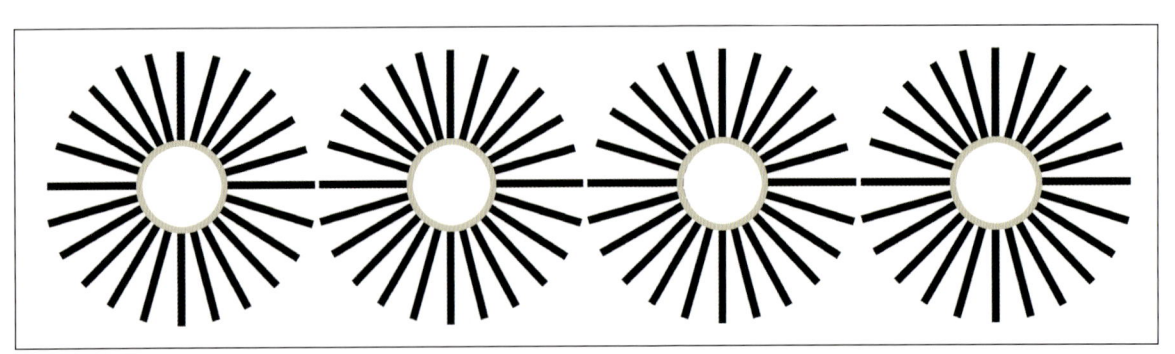

[上]
エーレンシュタイン図形（ウォルター・エーレンシュタイン、1941年）
放射状の線分の中央に、明るい円盤が浮かび上がって見える。黒いラインで円を描くとその錯視効果は消える。

[中央]
新しいエーレンシュタイン図形（2008年）
放射状の線を増やすと、錯視効果がよりはっきりする。

[下]
明るい縁取りを加えたエーレンシュタイン図形
輝く円の効果は黒い線で囲むと台無しになってしまうが、薄い色のラインで囲んだ場合は明るさを引き立てる。驚いた科学者たちはこの現象を「変則的な明るさの誘発」と呼ぶようになった。

エーレンシュタイン図形は簡単につくれるし、実験していて楽しい。自分なりの工夫を加えてみるのもよい。新たな錯視効果を発見できるかもしれない。

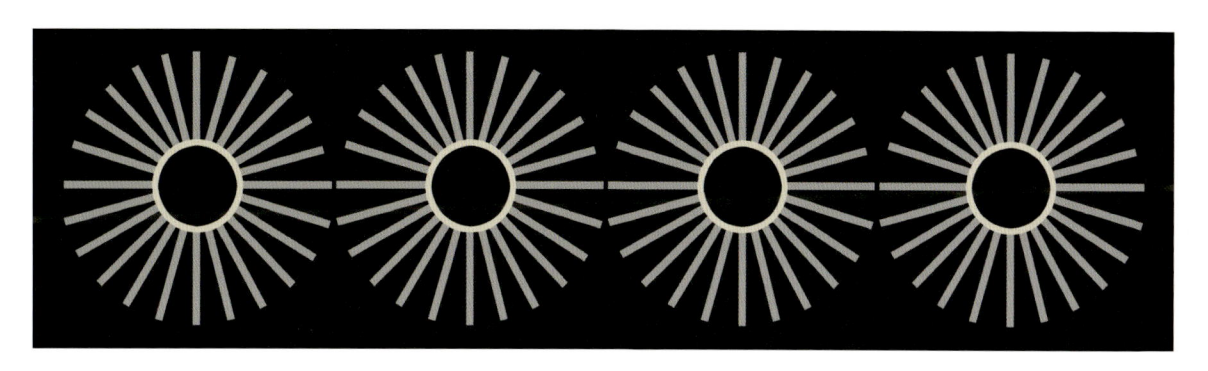

[上]
ゆらめくように輝くエーレンシュタイン図形
見渡すように目を動かすと、中央の灰色の円が微かにゆらめくように輝き始める。この効果は、明るさの幻覚と現実の物理的な灰色とが脳内で競い合うことから生じると考えられる。

[中央]
逆向きのエーレンシュタイン効果
ちょっとした変更を加えると、錯視イメージが土台から揺らぐことがある。ここでは背景全体を黒くして、円の部分を明るいラインで縁取った。コントラストがいわば逆向きに作用して、円形の部分は周囲の黒以上に黒く見える。

[下]
エーレンシュタインの輝く"青"
最後の例は、灰色の円を黄色の線で縁取ったもの。ここでも微かな残像あるいは同化作用によって、灰色部分がゆらめくように輝く効果を生んでいる。その灰色の円は、黄色のラインのせいでわずかに青味がかっているように見える（青は黄色の補色）。

第3章　頭の中の色彩　43

輝きのバリエーション

「燃え上がるヒューズ」という作品も、これまで見てきたエーレンシュタインの応用例と同様に明るさの錯視イメージを示すものである。ただしちょっとした工夫が加えられていて、ここでは細いスポークの代わりに、中央付近で消えていく黒い帯のデザインが用いられている。十文字の中央部分にできたまばゆい輝きを、淡いかすみのような光が取り巻いていることにお気づきだろうか。

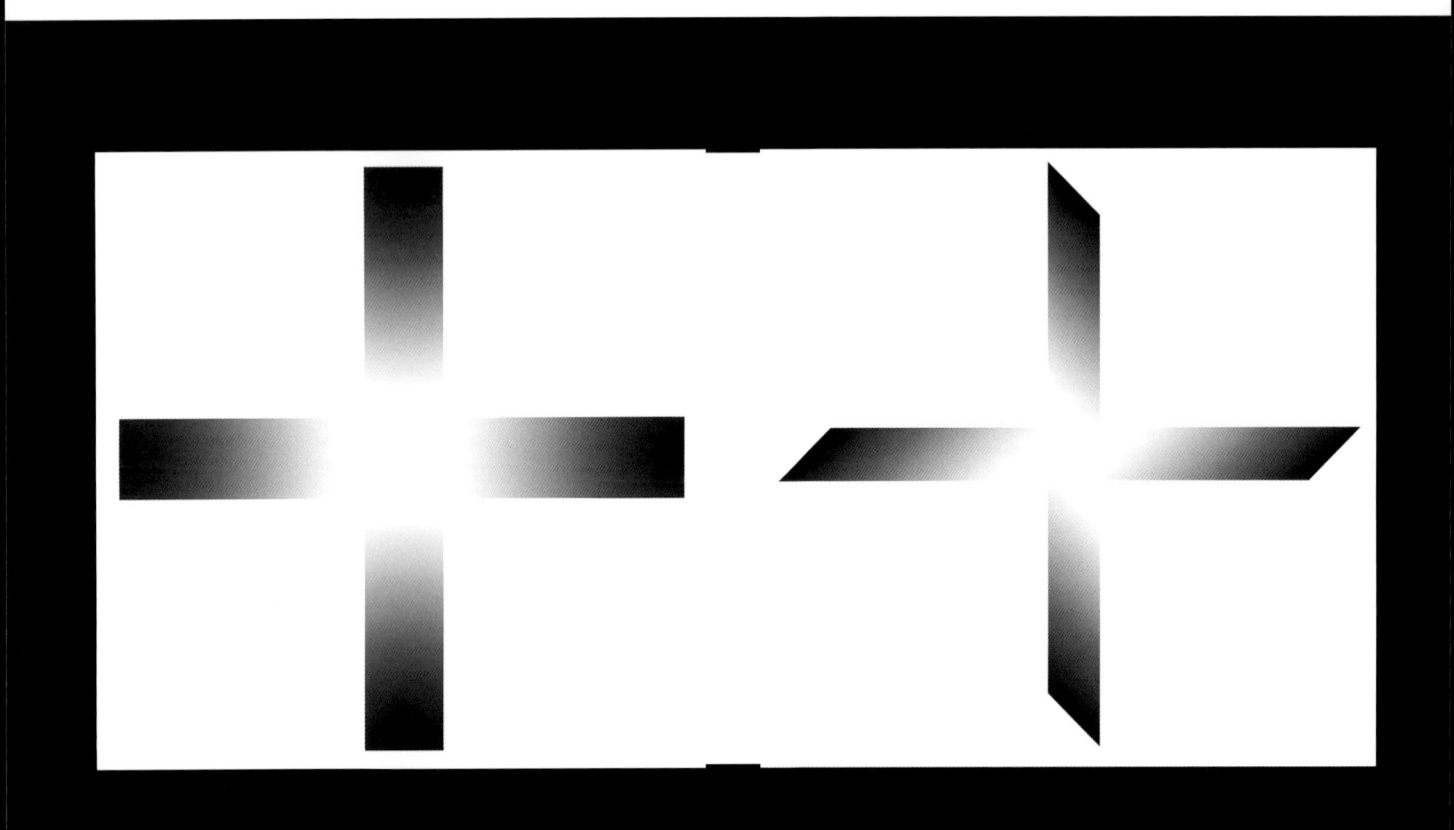

[左]
燃え上がるヒューズ（トニー・アゼベド、2009年）
確かにこの輝きの強烈さは、金属を溶かすような白熱という印象を与える。

[右]
燃え上がるヒューズ2（トニー・アゼベド、2009年）
黒い十字が中央付近で消えていくことで、風車形の輝きが浮かび上がる。その輝きも周囲の微かな光輪も錯視イメージである。

ストループ検査

1935年、アメリカの心理学者ジョン・リドリー・ストループは、色を示す言葉を読み取る能力とその文字の色を識別する能力との関わり合いを調べる簡単なテストを考案した。私たちの祖先は何万年もの間、色を見分けてきた。だが印刷された言葉を読み取る力はずっと後になって獲得された能力であり、脳内の活動部分も色の識別とは別の場所にある。この2つの能力が競い合うように働くとき、脳が戸惑うことがある。ここに示した6つの色を使って、簡単なテストをしてみよう。

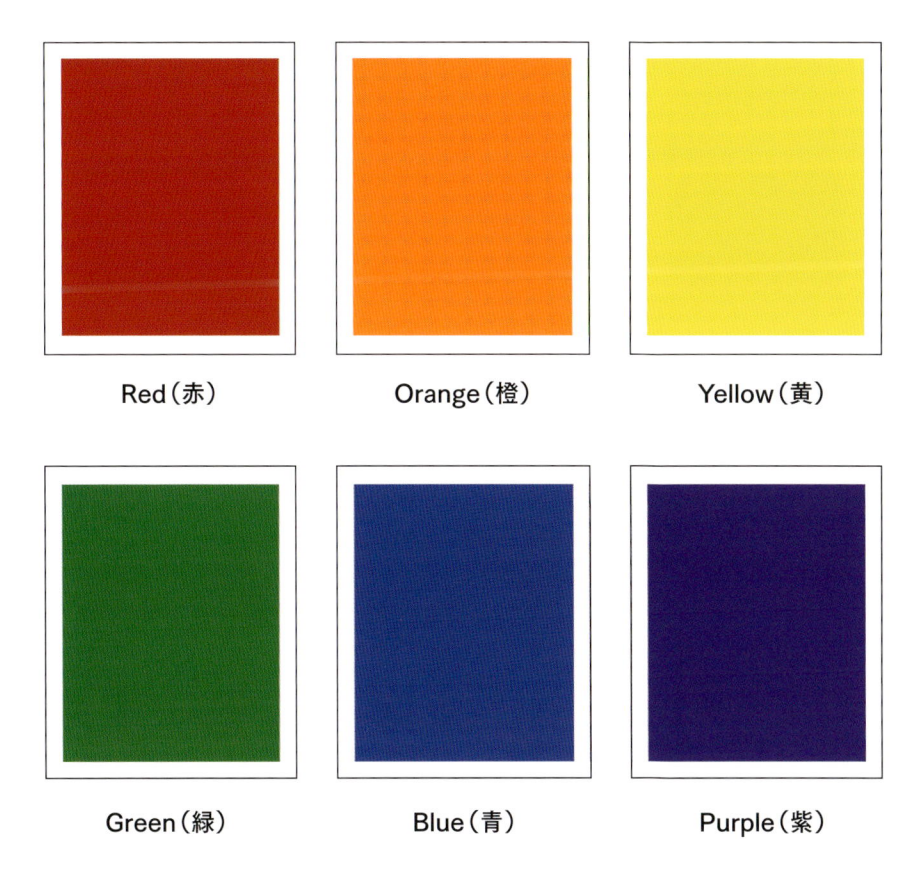

Red（赤）　Orange（橙）　Yellow（黄）

Green（緑）　Blue（青）　Purple（紫）

ストループ検査で使う色（R・オズボーン、2009年）
ここではこの6色を使う。

45～46ページで紹介する3つのステップからなるテストはストループ検査と呼ばれ、とても簡単に実行できる。まず初めにさまざまな色の識別能力を試し、次に色の名前を読んで確認する。この2つのステップは、それを組み合わせた第三のステップのための準備だ。やってみると結構驚くかもしれない。第三段階では、あなたはかなりまごついて立ち止まりたくなるのではないか。

第3章　頭の中の色彩

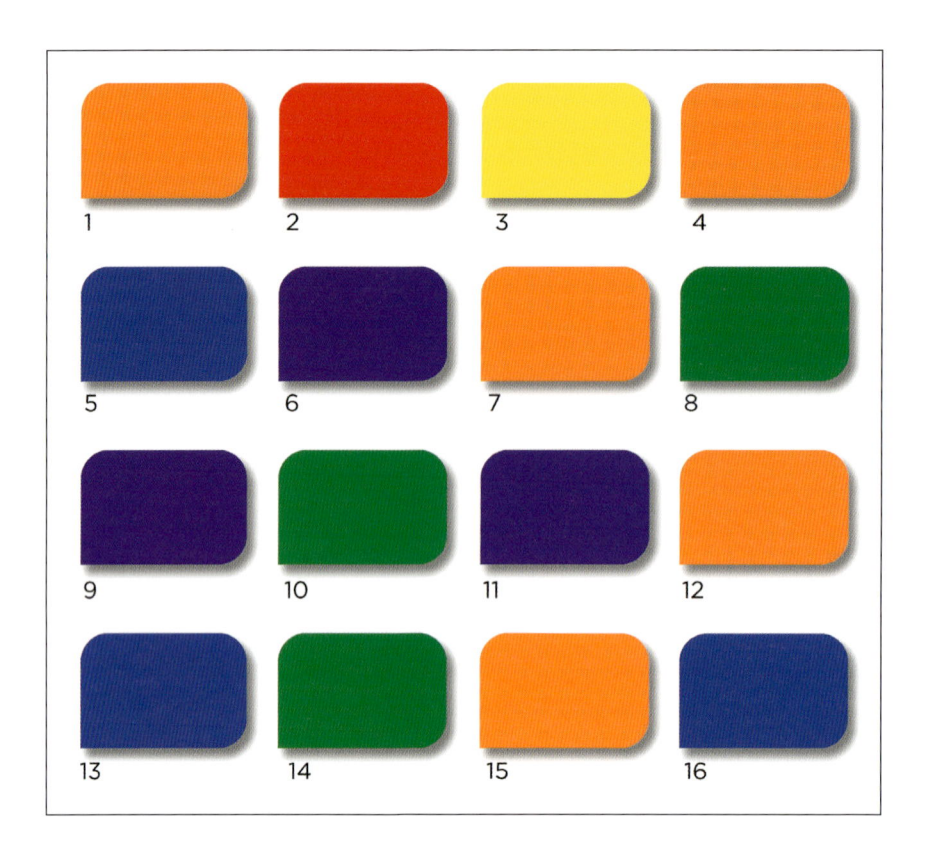

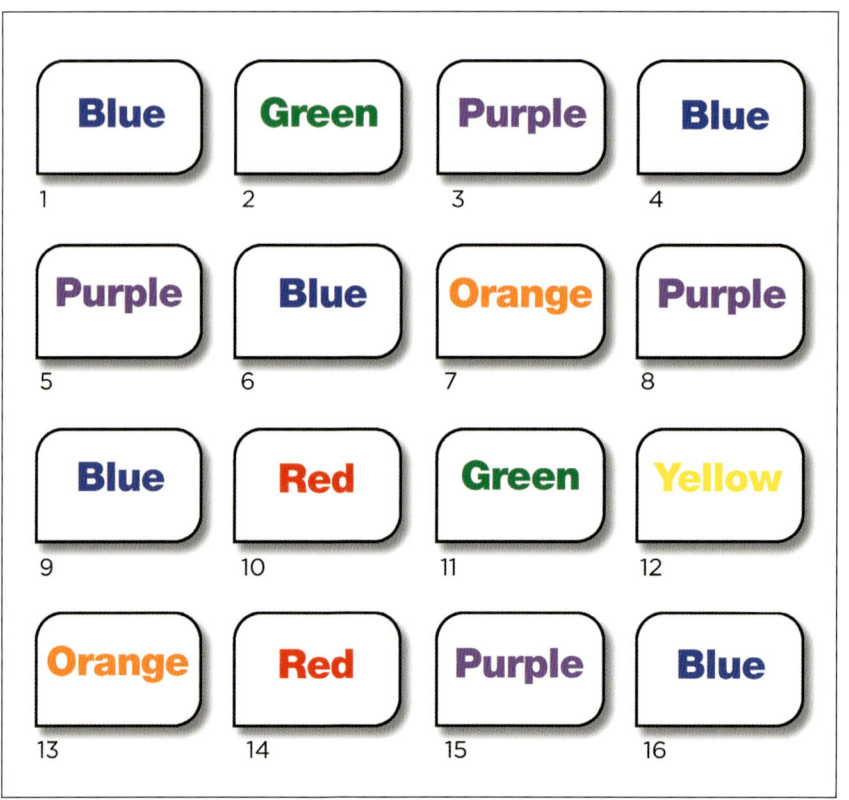

[上]
ストループ検査1（R・オズボーン、2009年）
無作為に選ばれた16枚の色つきカードが並んでいる。1から16までの色の名前を、順に声に出して言ってみよう。

[下]
ストループ検査2（R・オズボーン、2009年）
ランダムに並べられた色の名前を、テンポよく番号順に読み上げてみよう。ここでは名前とインクの色が同じなので、速く正確に読み上げるのは容易だ。

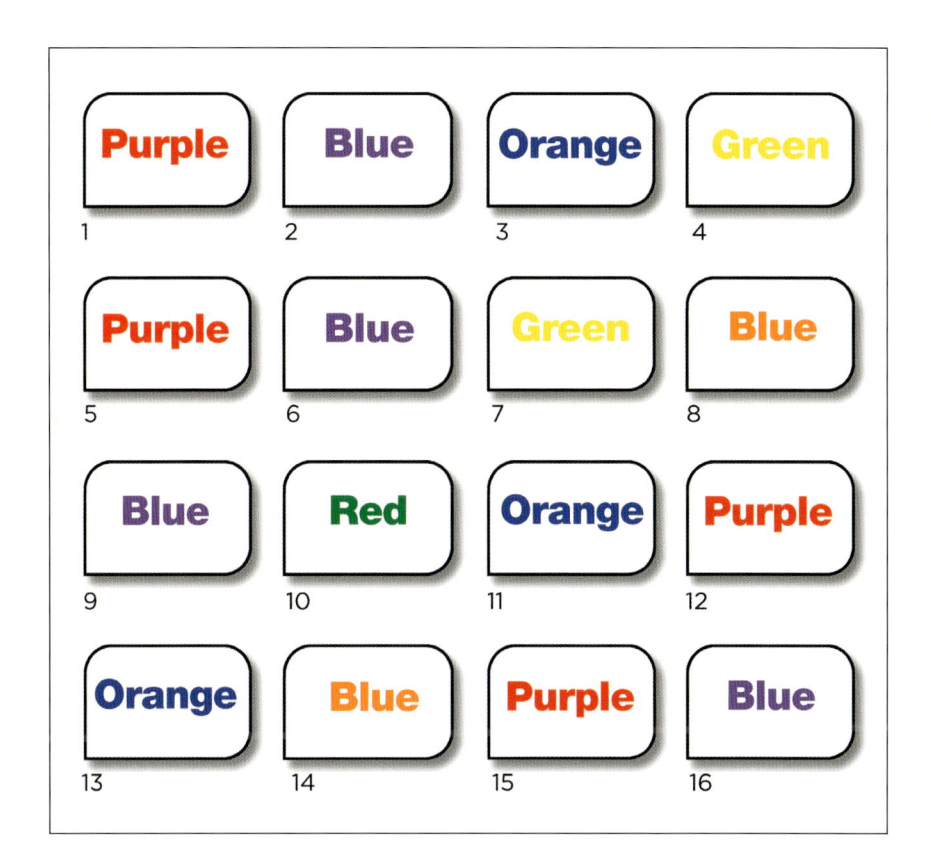

ストループ検査3（R・オズボーン、2009年）

検査1、2を合わせたものが最後の検査だが、今度は色の名前とインクの色が一致していない。名前の方は無視して、実際のインクの色を1から順にできるだけ速く声に出して言ってみよう。罰ゲームがあるわけではないので、リラックスしてがんばって！

検査の結果をどう見るか

　あなたが皆と同じ普通の人間であるなら、検査3はあまりうまくいかないだろう。テストの間、脳は言葉を読もうとして、色の識別にまごつく傾向がある。ときにはうっかり色の名前を読んでしまい、慌てて色を見分けようとすることもあるだろう。だから検査3は1・2に比べて時間がかかるのが普通である。安心してよい。あなたは正常だ。印刷された言葉を読む場合と色を見分ける場合、私たちは脳の別の部分を使う。だからこの2つの知能をあえて混同しやすい状態で使うと、意識は誤りを犯しやすくなる。友人にもこのテストをやらせてみるといい。やはり同じようにまごつくのを見れば、あなたもホッとするのでは？

第3章　頭の中の色彩　47

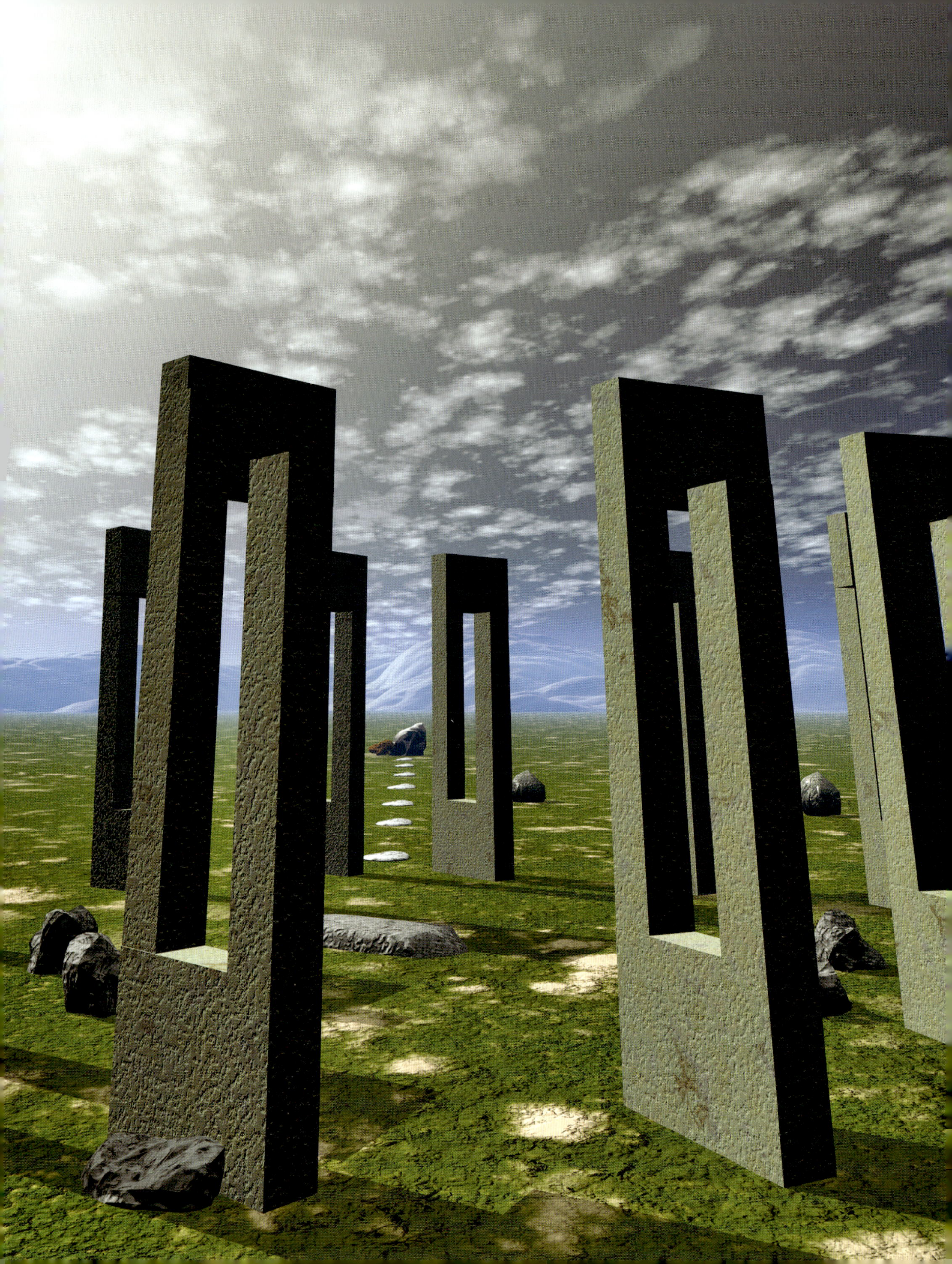

第4章 現実を一ひねり
One-Half Twist from Real

あり得ない物体とは、
理にかなったパーツの不合理な組み合わせでできたものである。
――ロバート・オズボーン

「あり得ないもの」は、正常に見える構造物の中のちょっとした欠陥のようなものだ。初めは見慣れたものに見えるのに、やがて何かがおかしいと気づく。まるでボタンを掛け違えた子供のように、私たちは問題を整理しようとして立ち止まる。各部分は正常に見えるが、全体としてはあり得ない構造だ。まともな物体を誰かが半回転ほどひねったように見える。デジタルアーティストのジョッシュ・ソマーズによる下の作品を見てほしい。天秤のようにバランスをとる仕掛けにも見えるが、何か変だと感じるはずだ。こんな妙な構造の道具は何の役にも立たない、というより、そもそも存在できない。バランスをとるアームが、こんな風に直立した2本の柱と交わることはない――少なくともこの世界では。あり得ない物体というほかない。

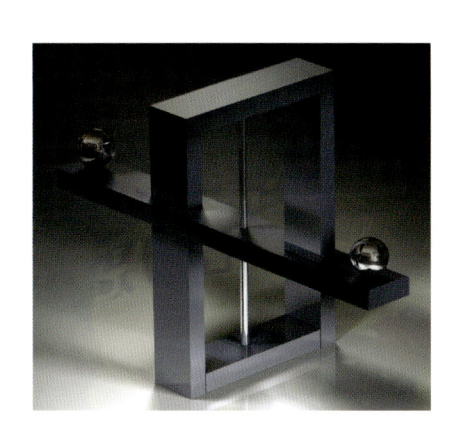

あなたは不可能な図形を描くことはできる。しかし自然の法則に反する以上、それを組み立てることはできない。不可能な図形を描く場合はすべて、空間の中のある特別な点から見た図として描かれる。この視点から見るとき、対象物はあり得ないものに見える。「エイムズの変容」と呼ばれる現象だ。これ以外のどん

あり得ないバランス（ジョッシュ・ソマーズ、2009年）

[左のページ]
似非ストーンヘンジ（R・オズボーン、2005年）

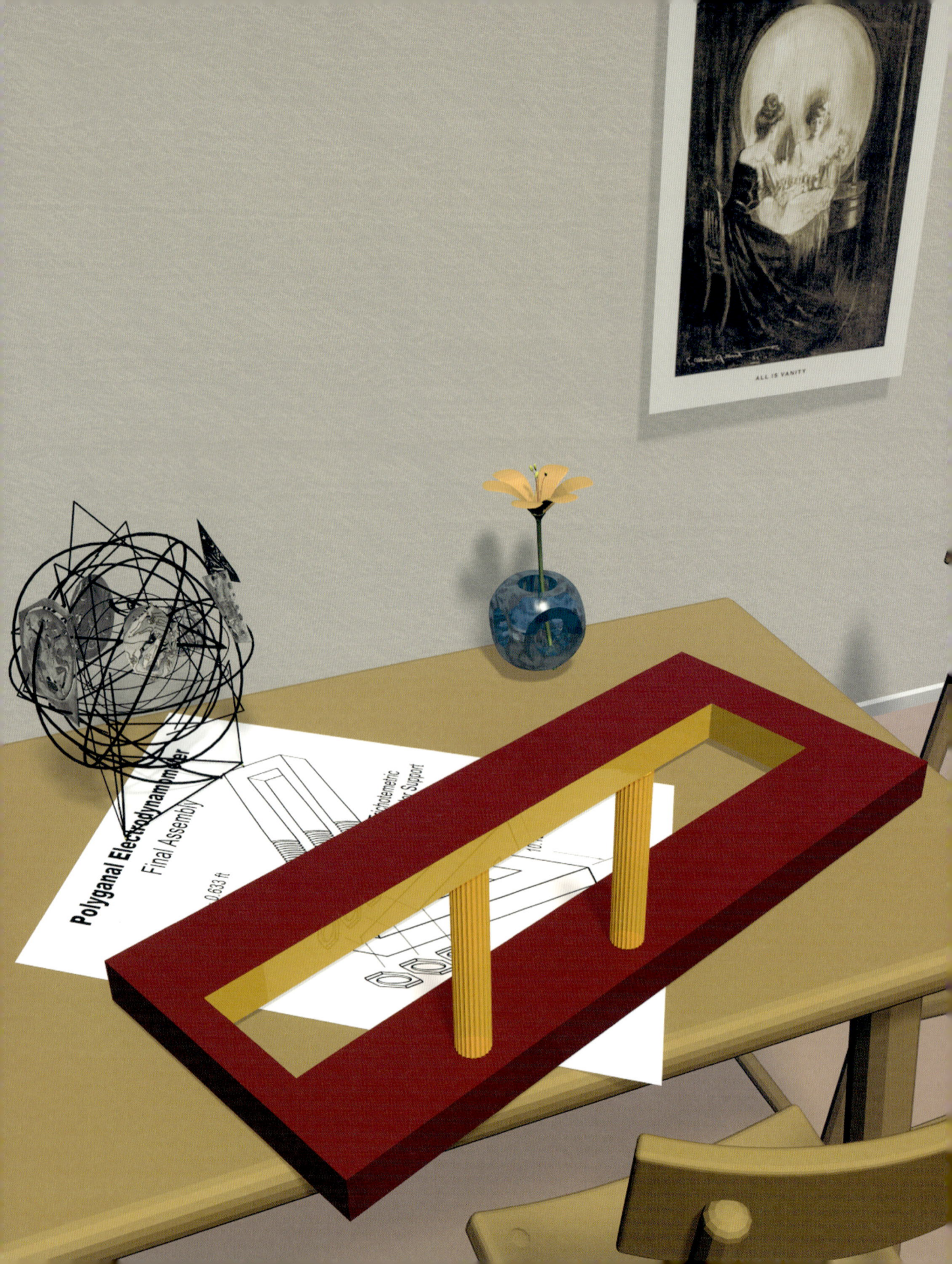

Polyganal Electrodynamometer
Final Assembly

ALL IS VANITY

な角度から見ても、通常の「あり得る」姿しか見えない。

次に示した図（a）（b）を見比べていただきたい。同じ一つの立体を、エイムズの変容が起こる視点から見た図が（a）、違う角度から見た図が（b）である。（b）のようなどこにでもありそうなものが、（a）のような「あり得ない」物体に変容するのだ。

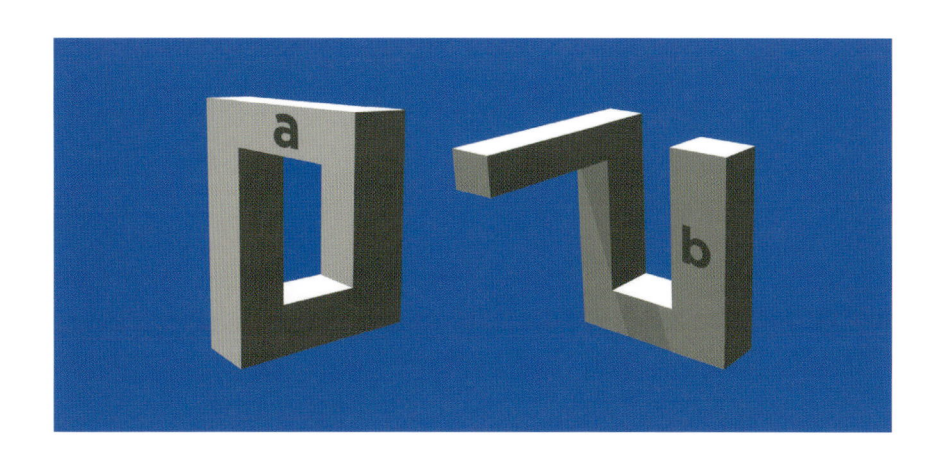

あり得ない物体に見える立体モデルをつくることは不可能ではないが、それを紹介するときは、「変容」を起こす特別な角度から見てもらわなければならない。あなたはそのモデルのそばに立って「ここから見て下さい」と指示するか、それが面倒なら、その角度から撮影した写真で紹介するという手もある。ただし写真の場合は、三次元モデルを二次元平面で表したことになる。別の方法としては、箱の適切な位置にのぞき穴を開け、そこから箱の内部を見てもらうのもいいだろう。この手法を用いたトリックは「エイムズの部屋」と呼ばれている。

個人的には、不可能な図形を描くためにはコンピューターソフトを利用するのが手軽だと思う。固定された3D図形が画像として表されるので、ある意味でエイムズの部屋が二次元で実現できるといえるだろう。誰もが想像上ののぞき穴から、常に完璧な角度で見ることになる。

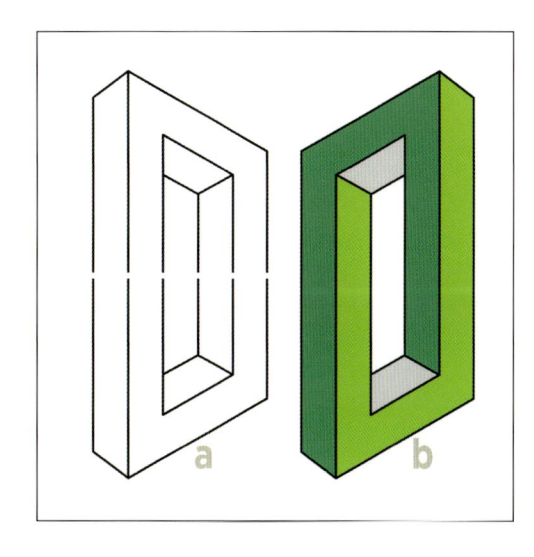

[左のページ]
歪んだ板（R・オズボーン、2005年）
長方形の板が不自然に曲がっているように見えるとすれば、2本の円柱のせいだ。実際には板は曲がっていない。円柱に何か仕掛けがありそうだが……。この場面はまったく普通に描いた後、2本の円柱に少々手を加えたものだ。

[上]
エイムズの変容（R・オズボーン、2007年）

[下]
あり得ない物体の図をつくる（R・オズボーン、2010年）
まずaのような台形の枠の見取り図を薄い紙に描く。その際、左右の3本ずつの縦線は等間隔になるように注意しよう。次にその図を半分に切り、上半分を裏返して左右反対にして、下半分の図に縦のラインを合わせるように継ぎ足す。（上半分の線は裏からなぞるとよい）

第4章　現実を一ひねり

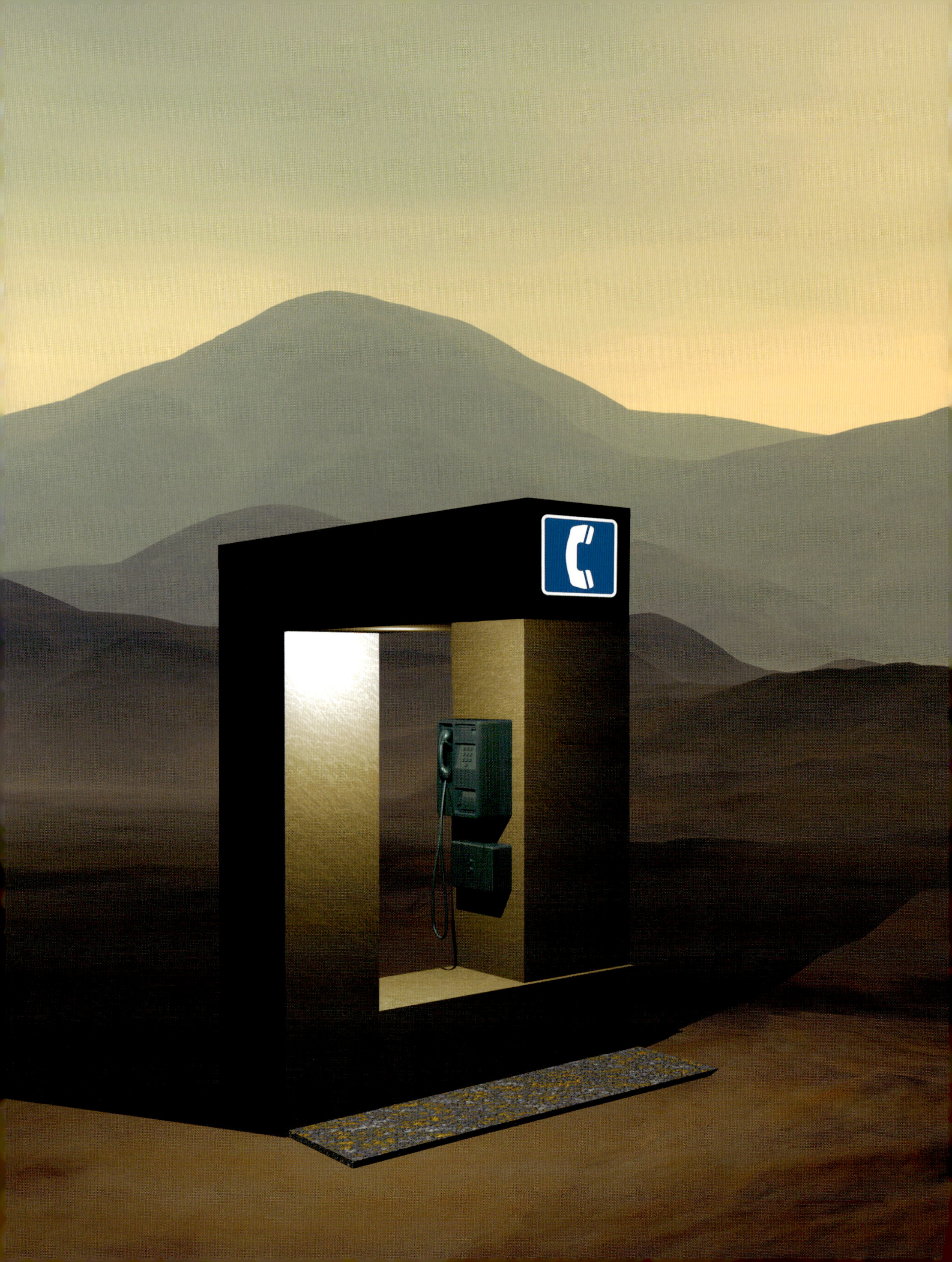

［左のページ］
人里離れた公衆電話（R・オズボーン、2008年）
もしあなたがニューメキシコ州のロズウェルでこのような電話を見かけたら、大急ぎで宇宙船に戻ってください。そこは未知の宇宙ですから！

［上］
入れ子風の四角い積木（R・オズボーン、2005年）
四角い立体の不可能図形が、常に４つの辺（にあたる要素）をもつとは限らない。

［下］
立方体の中の立方体（R・オズボーン、2005年）
あり得ない箇所をすべて指摘できるだろうか？

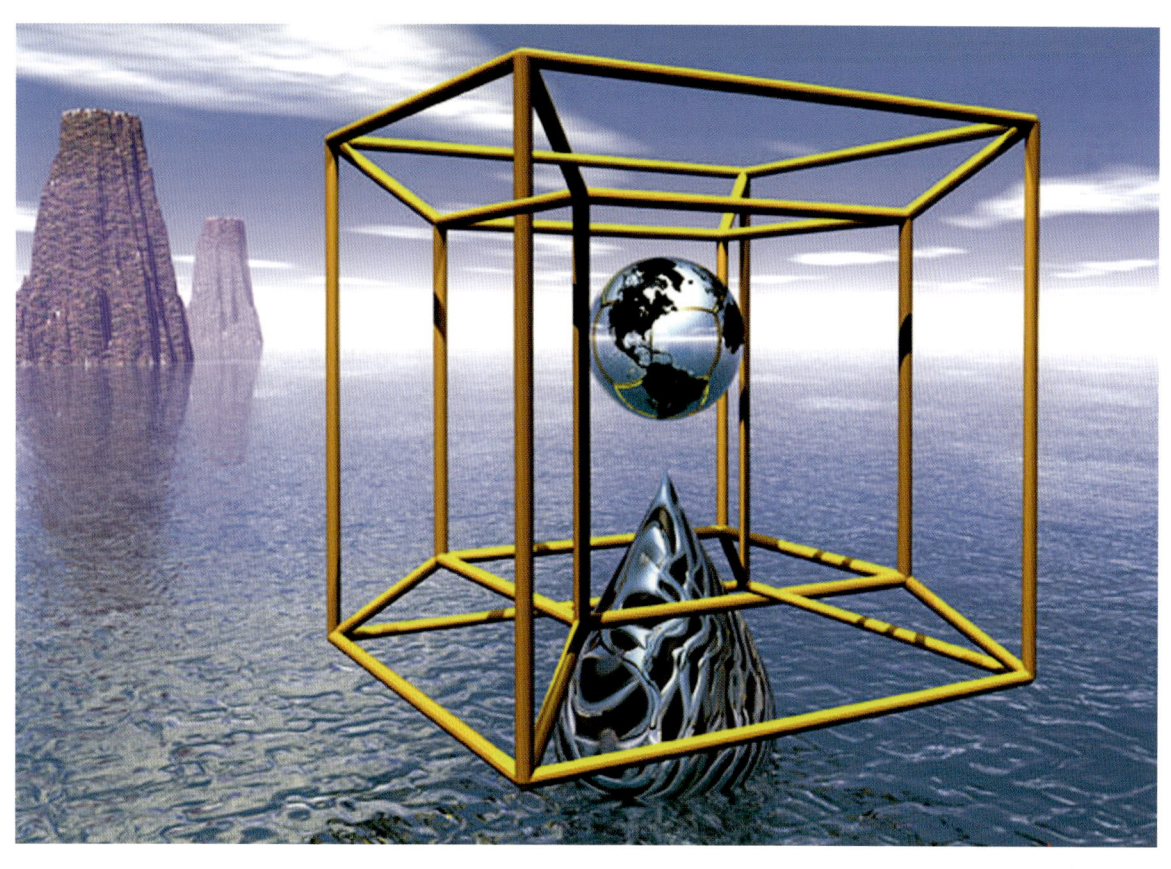

第4章　現実を一ひねり　53

［上］
異世界の構造物（R・オズボーン、2005年）
このような構造の立体は、この地球上には存在しない。

［下］
海辺の不思議（R・オズボーン、2007年）

［右のページ］
砂漠の休憩場（R・オズボーン、2005年）
砂漠でこんな売店を見つけても、近づいてはいけない。

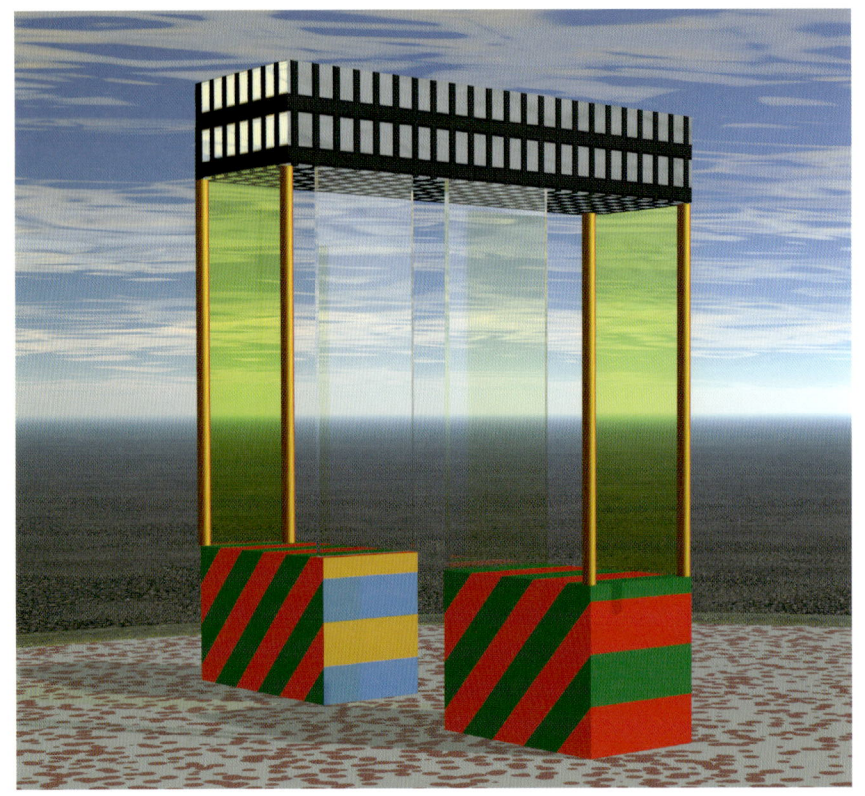

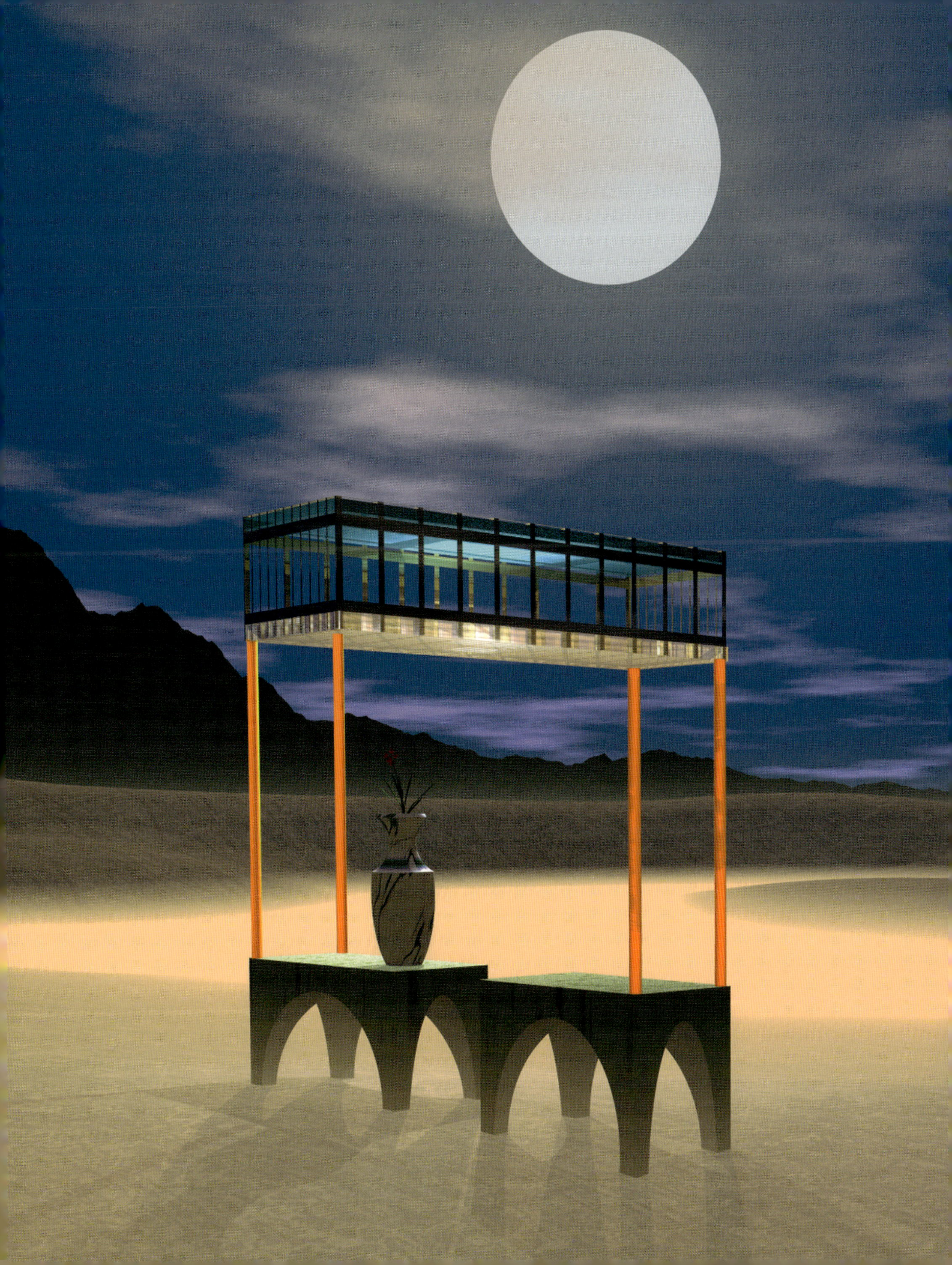

不可能性の最も純粋な形── ねじれた三角形

　英国の数学者ロジャー・ペンローズがあり得ない三角形のデザインを「最も純粋な形」と呼んだのは、そのシンプルな構造ゆえである。これまでに描かれたあり得ないものの中で、このねじれたトライアングルこそ、最も単純でエレガントな物体といってもいいだろう。

　三角形だから辺となる3つの棒でできている。一見普通の物体に見えるが、よく見ると底辺から手前に延びているように見える棒が、底辺から奥に延びている棒とつながっているのに気づくだろう。

　この不可能な三角形のデザインが人目に触れたのは、スウェーデンの画家オスカー・ロイテルスバルトによるスケッチが最初だという。ロイテルスバルトは1934年、スウェーデンの田舎を列車で旅していたときにこのデザインを思いついた。彼は六角星の輪郭に沿って、左下の図のように立方体を描いていった。6番目の立方体が1番の立方体の下に入り込めば、不可能な図形になる。

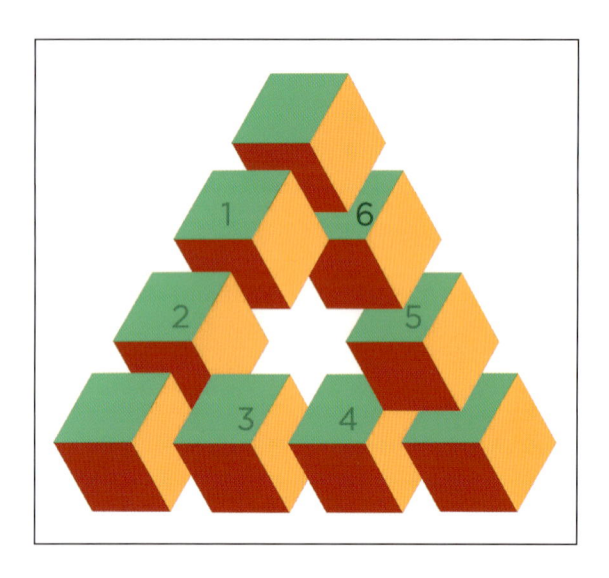

立方体でつくるねじれた三角形（R・オズボーン、2009年）
中心の白い六角星の輪郭を利用して、番号順に立方体を描いていく（1つ前の立方体と一部が重なるように）。6番の立方体が1番の下に潜り込むようにするのがポイント。全体が三角形になるように、空いている3箇所に立方体を1つずつ加えれば完成。

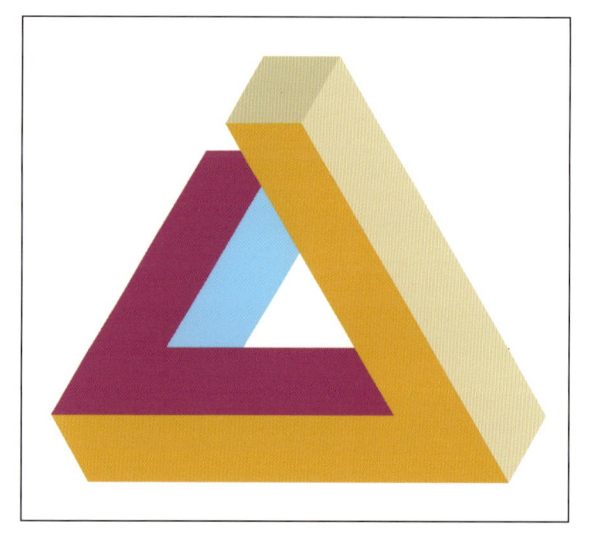

3本の角柱部分からなる立体（R・オズボーン、2009年）
左の図で6番の立方体が1番より手前にあれば、このような正常な立体になる。この立体の両端は手前と奥の離れた位置にある。

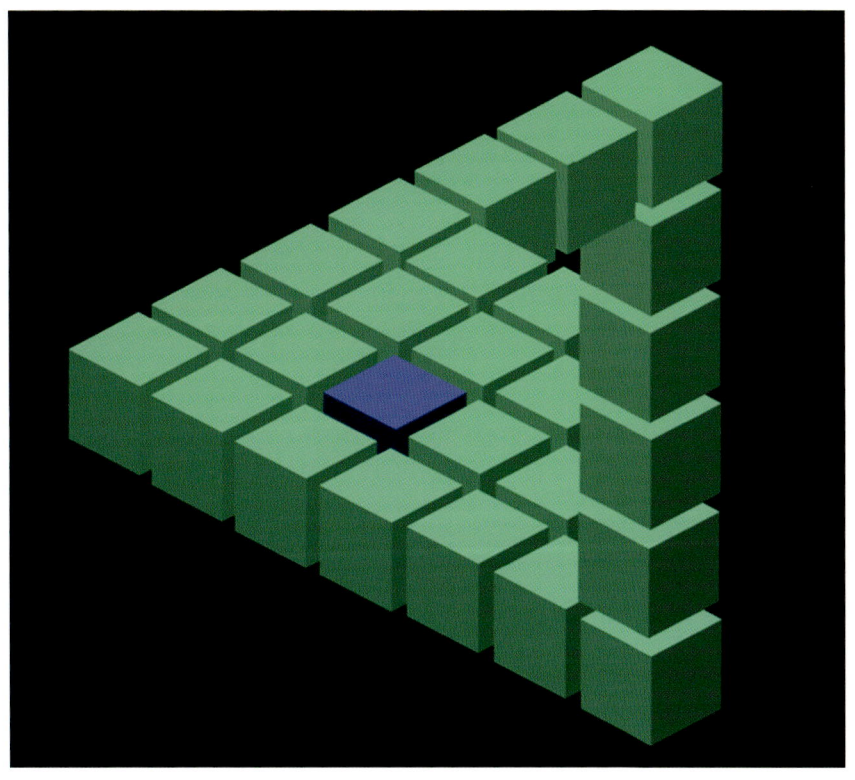

［上］
"ペンローズ"（ジョッシュ・ソマーズ、2008年）
作者によれば「ペンローズの古典的な錯視作品に触発されて作成したもの」だという。

［下］
26個の立方体からなるデザイン（R・オズボーン、2005年）
立方体の配列によるあり得ない三角形。

第4章　現実を一ひねり

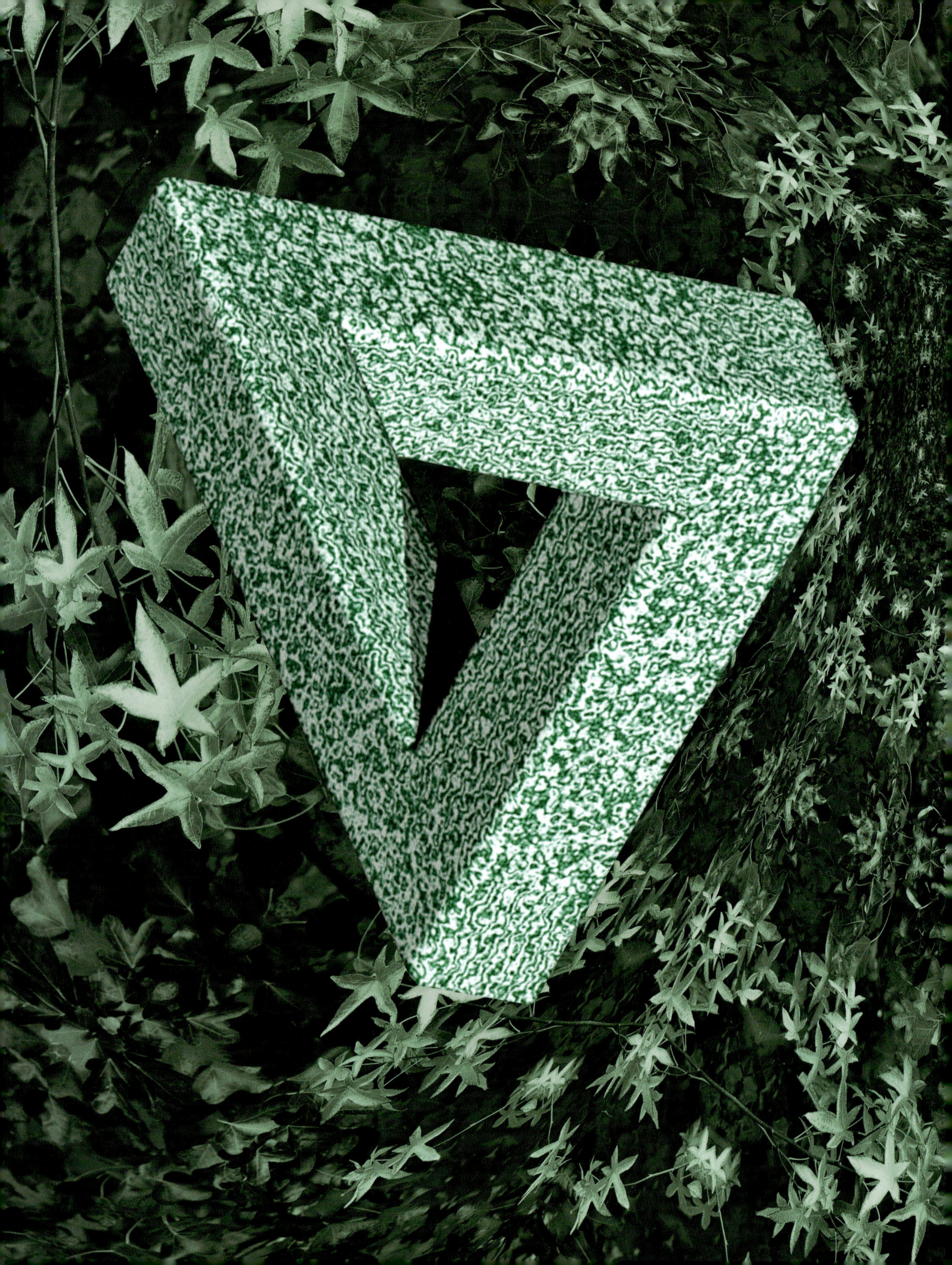

[左のページ]
大理石の三角形（トニー・アゼベド、2006年）
カッラーラ大理石のねじれたトライアングル。

[上]
火星の"ブルーベリー"（R・オズボーン、2009年）

[左下]
メビウスの輪（R・オズボーン、2008年）
面のどこからスタートしても、たどっていくと表裏の区別なくすべての面を通過するのは、ねじれた三角形と同様である。メビウスの輪をつくるには、紙の帯を半回転ねじって両端を糊付けすればよい。

[右下]
あり得ない輪（R・オズボーン、2005年）
多くのあり得ない物体と同様、このデザインも半回転のひねりというトリックを使っている。半回転のひねりがなければ、まったく普通のリングだ。一回転ひねるのはやりすぎで、リングはプレッツェルのようになってしまう。

　ねじれたトライアングルは"メビウスの輪"に似ている。19世紀ドイツの数学者アウグスト・フェルディナンド・メビウスの名をつけられた"メビウスの輪"には、裏表の区別がなく、縁も一続きになっている。紙の帯の端を半回転ねじって貼りあわせれば、簡単につくれる。あり得ない物体の多くはこの半回転のひねりというトリックを使っているが、メビウスの輪はあり得ない物体ではない。まだつくったことのない人は、自分の手でつくってみてほしい。実に簡単にできる！

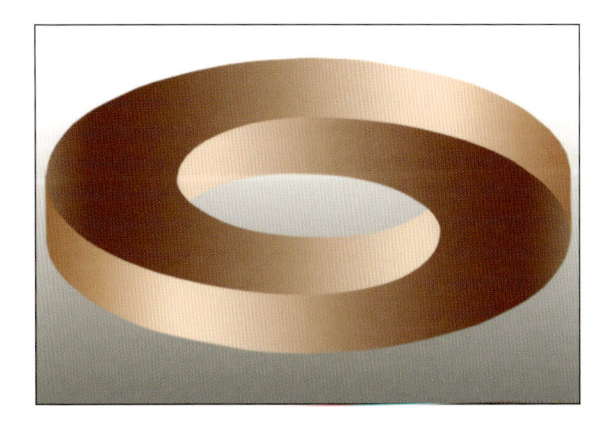

第4章　現実を一ひねり　59

ねじれたフェンス

　この「沖合の柵」という作品に描かれた風景は穏やかで心地よいが、よく見ると何かがおかしい。二組の横木が２本の垂直の柱をまったく違う角度で貫いている。二組の横木のなす角は90度ほどで、一組の２本が右の垂直の柱を貫いているなら、もう一組が同時にその柱を貫くことはあり得ない。このオブジェは不可能性の世界で凍りついてしまったというべきだろうか。

沖合の柵（R・オズボーン、2008年）
理にかなったパーツの不合理な組み合わせ。

[上]
デル-プレーテの庭の柵（ジョッシュ・ソマーズ、2008年）
「この映像はサンドロ・デル-プレーテの作品へのオマージュだ。イメージを乱すことなく、いかに効果的に照明を当てるかに苦労した」（ソマーズ）

[下]
あり得ない柵（ジョッシュ・ソマーズ、2008年）

第4章　現実を一ひねり

悪魔のフォーク

[上]
悪魔のフォーク（ジョッシュ・ソマーズ、2008年）
「悪魔のフォークは、私が目にした最初のだまし絵の一つだと記憶している。幼かった私はすっかり虜になった。後に自分で錯視絵や不可能なオブジェを表現しようと思ったとき、真っ先に取り組んだのもこのテーマの作品だ。そして今日まで、私のお気に入りであり続けている」（ソマーズ）

[下]
あり得ない電気部品の組み立て図（R・オズボーン、1976年）
この図には、悪魔のフォークの他に、3つのあり得ないリングとあり得ない長方形部品が含まれている。この図をあなたの会社の技術部門にもっていって、担当者がどんな反応をするか見てみよう！

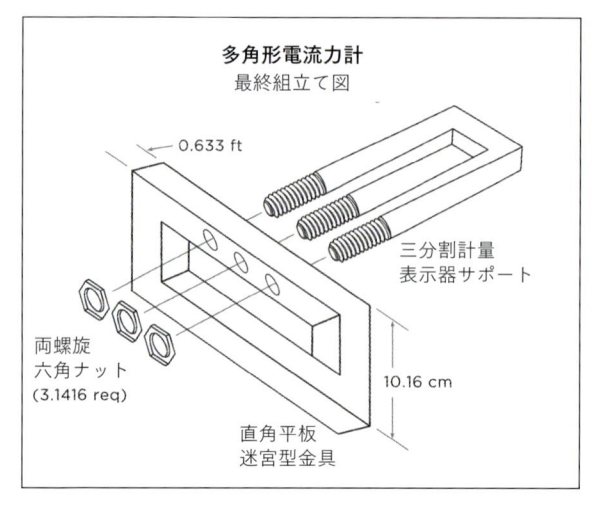

多角形電流力計
最終組立て図

0.633 ft

三分割計量表示器サポート

両螺旋
六角ナット
(3.1416 req)

直角平板
迷宮型金具

10.16 cm

2本または3本の柱（ジョッシュ・ソマーズ、2008年）
「この錯視イメージは常に私のお気に入りの一つだ。この作品は、アメリカのウォルター・ウィックの仕事からヒントを得た。ウィックは工夫した照明と半反射ガラスを用いて、この錯視の立体モデルを組み立て、撮影した」（ソマーズ）

どこにも通じていない階段

[上]
昇進の階段であるはずが……（R・オズボーン、2005年）
どれほど懸命に上っても、前に通ったのと同じところに戻っている自分に気づく。

[下]
あり得ない階段（R・オズボーン、2005年）
不可能な階段の仕組みを、できるだけ単純な形で考えてみよう。この階段はたった3段だが、同じところを回っていてどこにも通じていない。よく見てみると、たとえば右に向かう長い通路が微かに下がっているのがわかる。つまり段を上ってもスロープで下って次の段につながる仕組みで、これは他の例にも当てはまる。

[右のページ]
ありそうもない飛び込み台（R・オズボーン、2009年）
こんな台があったら、海水浴客はまごつくだろう。フラットなのに、上りの階段がある。

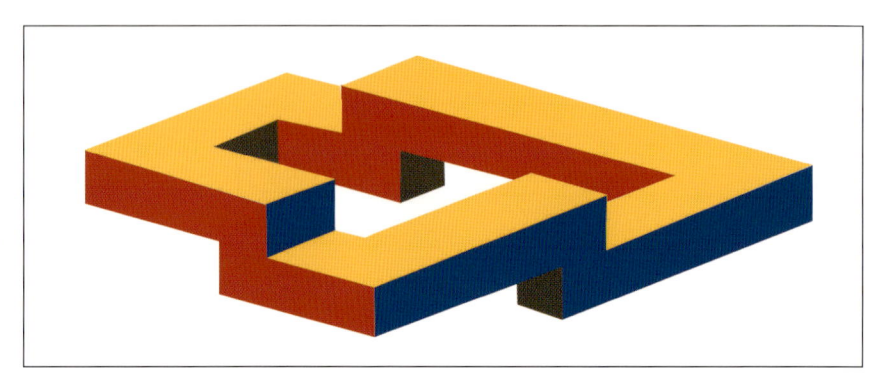

郵便はがき

5788790

料金受取人払郵便

河内郵便局
承認

508

差出有効期間
2021年3月
20日まで

（期間後は
切手を
お貼り下さい）

東大阪市川田3丁目1番27号
株式会社 創元社 通信販売係

創元社愛読者アンケート

今回お買いあげ
いただいた本

［ご感想］

本書を何でお知りになりましたか(新聞・雑誌名もお書きください)
・書店　2. 広告(　　　　　　) 3. 書評(　　　　　　) 4. Web
・その他

第4章　現実を一ひねり　65

あり得ない箱

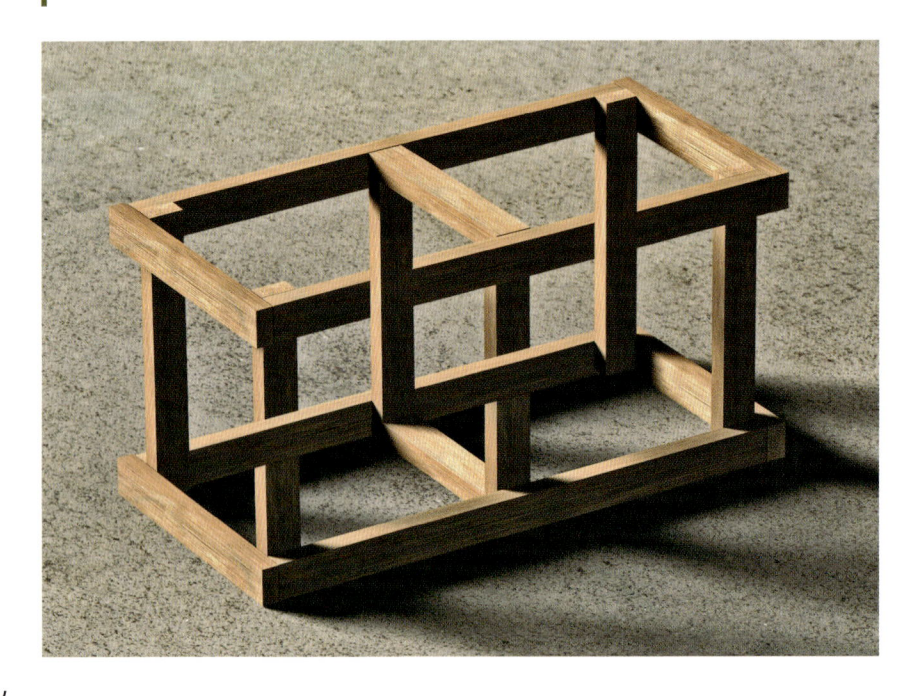

[上]
あり得ない木枠（ジョッシュ・ソマーズ、2008年）
「この錯視イメージは、不可能な古典的オブジェを三次元で表現した私の最初の作品だ。この試みを通じて培われた考え方と技術は、その後のあらゆる立体オブジェ作成に生かされている」（ソマーズ）

[下]
入り組んだキューブ（R・オズボーン、2005年）
このデザインの見どころはわかりやすいだろう。多くの不可能なオブジェが、90度、60度、30度という三角定規の角度を用いて描かれていることにお気づきだろうか。水平線や透視画法の消失点などは存在しない。

[右のページ]
あり得ないキューブ（ジョッシュ・ソマーズ、2008年）
「古典的な立方体のだまし絵に触発されて、この三次元イメージを工夫してみた。リアルに見えるように、表面の反射や影にも気を配った」（ソマーズ）　＊右下の挿入写真は、このデザインの製作途中の状態を紹介しためずらしいもの

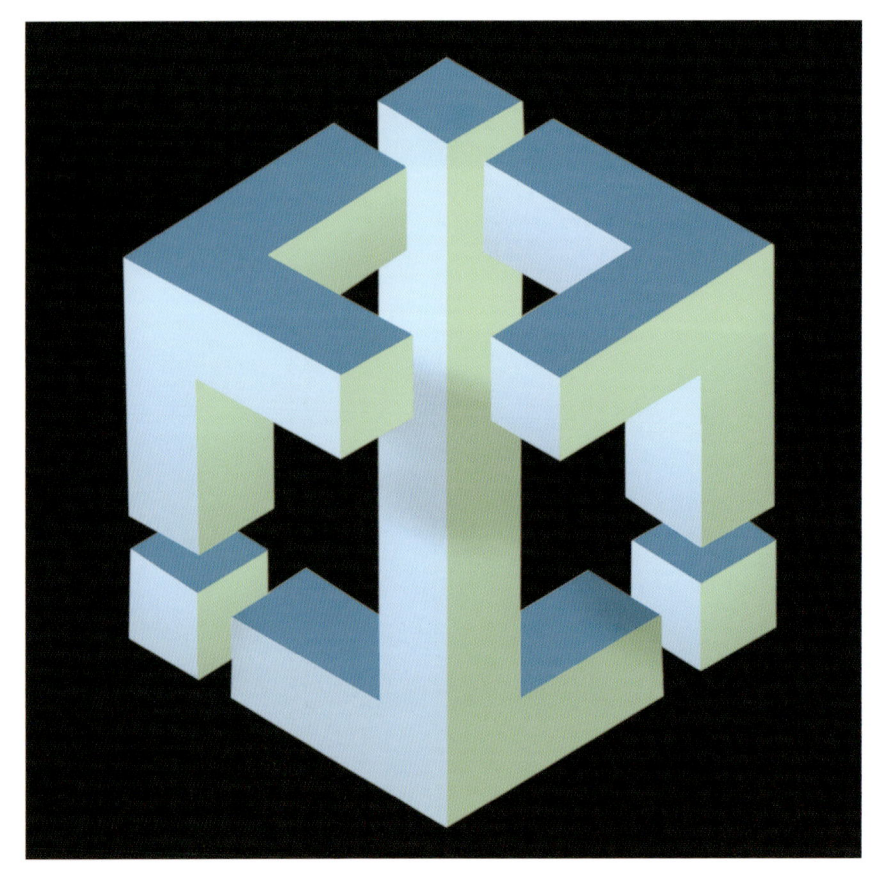

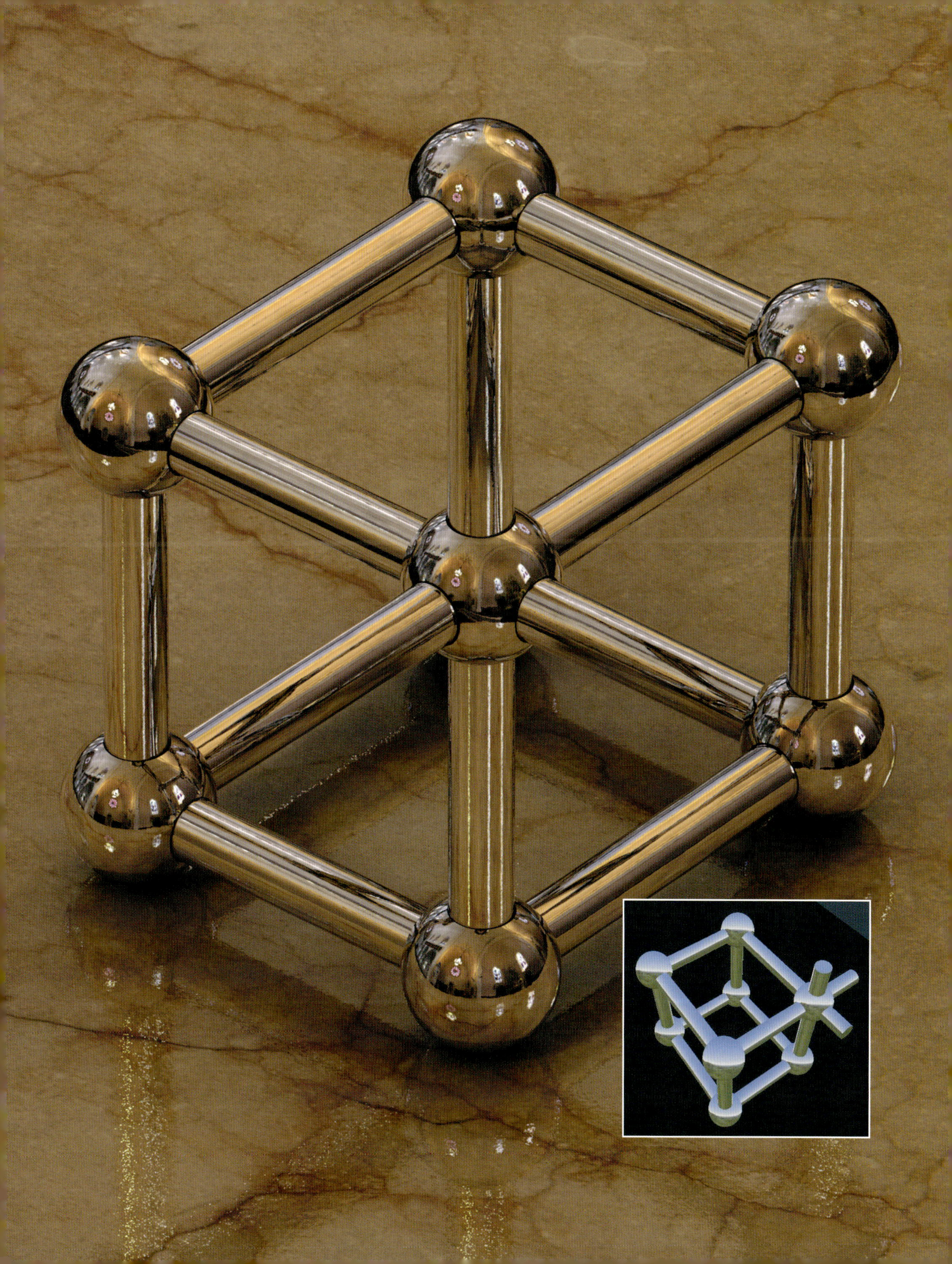

その他のあり得ないオブジェ

[上]
あり得ない構造（ジョッシュ・ソマーズ、2008年）
「遠近の見方に関わる立体構造の錯視をどこまで推し進められるか——それを調べるための実験的試みがこの"あり得ない構造"という作品である。私が主に知りたいと思ったのは、このような構造に潜むトリックを人はどのくらい認識するのか、ということだった。すぐにはわからず、もう一度もっとよく見るように促されて、ようやくこの構造の矛盾点に気づく人が多いようだ」（ソマーズ）

[下]
あり得ない三角すい（ジョッシュ・ソマーズ、2008年）

[上]
糸車のようなもの（R・オズボーン、2009年）
サンドロ・デル-プレーテの古典的作品「方形の車輪」へのオマージュ。こんな仕掛けで仕事はできない。

[下]
ギアもどき（R・オズボーン、2005年）
3つの歯車はかみ合って……いない！　時計職人なら悪夢にうなされるだろう。3つの歯車はかみ合っているのではなく、むしろ互いに埋め込まれている。歯車の歯が、あり得ない角度で隣の歯車と灰色の輪郭を共有している。どの歯車も隣の歯車がなければ、まっとうな形で存在できない。

第4章　現実を一ひねり

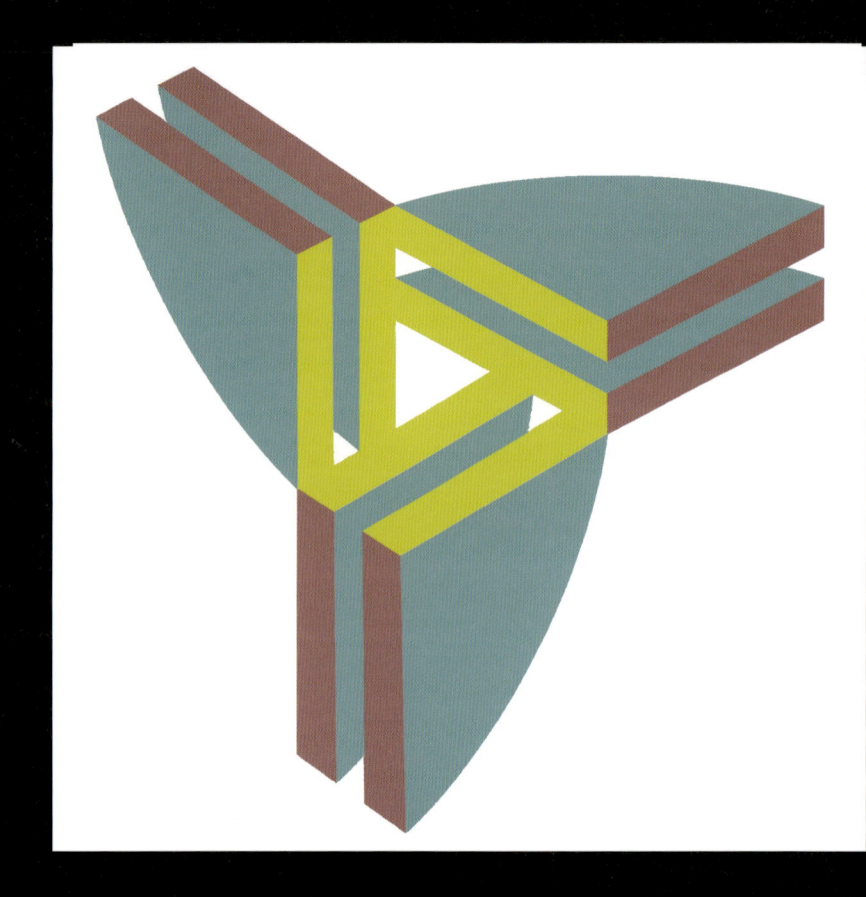

［上］
6枚のスライスのためのデザイン（R・オズボーン、2005年）
あなたの店でこんなモデルを組み立てようとしてはいけない。こんな風に組み合わせることは不可能だ。少なくともどこかが重なる必要がある。

［下］
絡み合ったバトン（R・オズボーン、2005年）
青と金の模様のある6本のバトンが、奇妙な形に組み合わさっている。こんな組み方は可能だろうか。じっと見ていると、こんがらがりそうだ。3本のバトンでできた2つの三角形が見事に組み合っていて、互いのバトンの端が接触し合っているように見えるが、現実には触れ合うことはない。こんな組み合わせ方はあり得ないのだ。

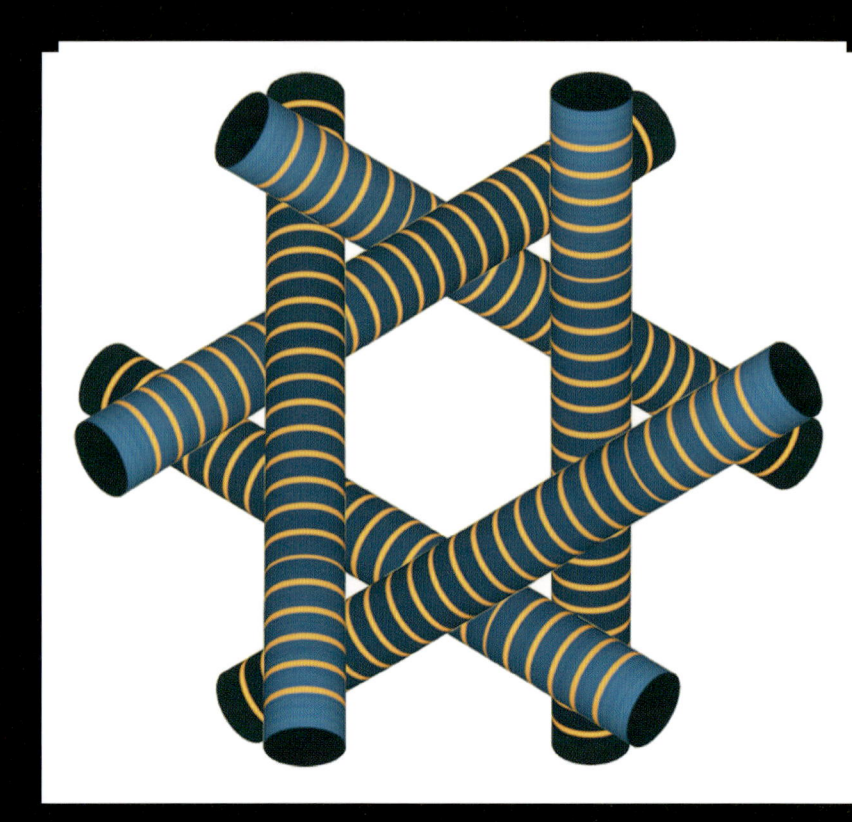

［上］
曲がったストロー（R・オズボーン、2010年）
昔ゴムでできた手品用の鉛筆というものがあったが、これはそういうものではない。曲がって見えるだけで、このストローは実はまっすぐだ。

［下］
6本のスティック（R・オズボーン、2005年）
このデザインは可能と不可能の境界で佇んでいる、というところか。もし突き出た6本のスティックが中央でつながっているのなら、それぞれが中央部分でひねられていることになる。もしつながっていないのなら、見えない部分で半回転して接着したものと考えられる。そう考えないと、こんなオブジェは組み立てられない。

第4章　現実を一ひねり　71

偽の遠近法への風刺（ウィリアム・ホグワース、1753年）
この版画についての説明――「遠近法を知らずに構図を決めると、誰でもこのようなばかげた印象を生んでしまう」。ホグワースは弟子たちに、遠近法の誤りはでたらめな作品につながることを教えている。あなたはこの絵の中に、いくつ矛盾点を見つけられるだろうか。

［上］
あり得ないチェス盤（R・オズボーン、2009年）
このチェスボードは、上向きなのか下向きなのかがわからない。上下どちらのコーナーも手前にあるように見える。

［下］
海辺と画架（R・オズボーン、2009年）
絵は風景の一部だろうか、それとも風景が絵の一部だろうか。

第4章　現実を一ひねり

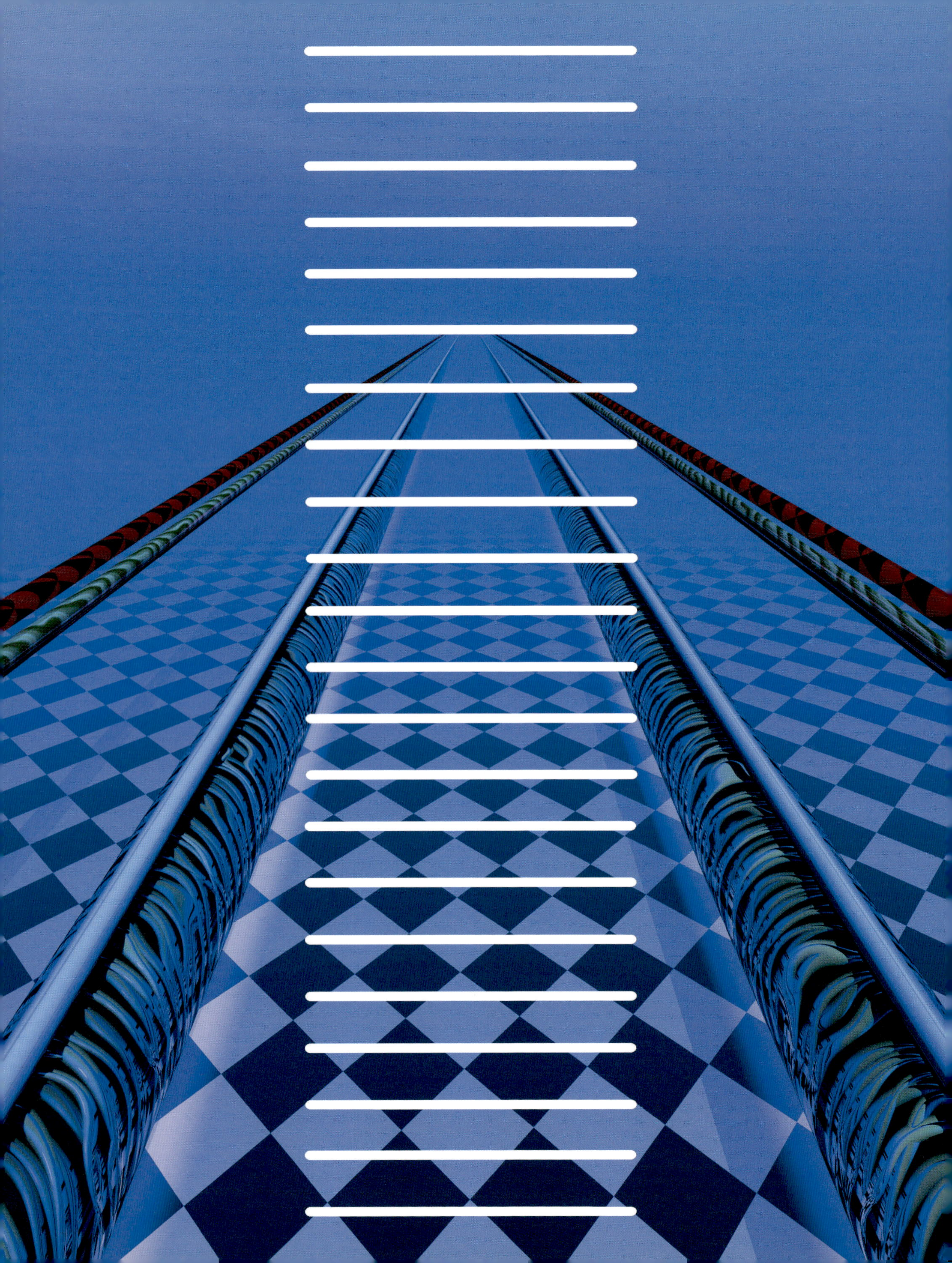

第5章 歪んだ世界
A Distorted World

5つの感覚、救いがたいほど抽象的な知性、好き勝手に選び取る記憶、
そして先入観や思い込みはあまりにも数が多くて、
ごく一部を除けば吟味もできない —— すべてを意識することなど到底できない。
この程度の装置しかもたない我々は、
いったい現実をどれほど見過ごしているのだろう。

——C・S・ルイス（1898～1963年）

　私はこれまでしばしば人間の視覚をコンピューターの画像認識システムと比べてきた。似ている点がわかれば、生身の視覚プロセスを理解するのに有効だからである。しかしエレクトロニクスによる模造品と人間の視覚の奇跡的なネットワークとの間には、乗り越えがたい違いがあることも忘れてはいけない。

　最高級デジタルカメラのプロセッサーでも、人間の視覚器官には到底太刀打ちできるものではない。事実何かを一瞥するだけでも、人間の脳はその能力の半分近くを使用するのだが、これはある意味では地球上のすべてのスーパーコンピューターを合わせた処理能力を超えるものだという。私たちの脳は目に映るものについて、独立した思慮深い判断を下す。必要なのは目を見開くことだけだ。1本の木を見ながら、それを何か別のものとしても見るということは不可能に近い。脳には、筋の通った意味のある映像をつくり出すための配線が内蔵されている。そうでなければ、私たちは幻覚に支配されてしまうだろう。だが見ているものについて脳が教えてくれることが、ときに現実に目の前にあるものと食い違うことがあるのも事実だ。言いかえると、現実がどうであるかにかかわらず、私たちは脳が見るべきだと判断したものを見るのだ。

　統合失調症であるとか、砂漠で迷って意識が朦朧としているとか、幻覚剤を服用したなどという状況でない限り、私たちは存在しないものを見ることはな

[左のページ]
風変わりなポンゾ（R・オズボーン、2008年）
平行な白い線分のうち、上の方と下の方は同じ長さに見えるが、手前から奥に延びたラインと交差している白線は心なしか長く見える。これは脳内の誤った判断によるものだ。実際にはすべての白線は同じ長さである。

第5章　歪んだ世界　75

いだろうが、脳がちょっとした思い込みによる過ちを犯すことはあり得る。そういう見間違いは歪みの錯視と呼ばれている。歪みの錯視で興味深いのは、その錯視の理由をすっかり見抜いて線は曲がっていないと理解しても、それでも曲がって見えてしまうことだ。制作者自身にとっても、これは驚きである。私はその線をまっすぐに引いた、間違いない！　しかし引き終わった途端、それは曲がって見え始める。そしてすべての人の目に、永久に、曲がって見え続ける。

　下の「歪んだ正方形」というだまし絵は、思い込みによる見間違いを誘う好例である。まぎれもなく正方形であるのに、辺が曲がっているように見える。私たちの脳は背景の円に惑わされて、正方形の各辺が曲がっていると思い込まずにはいられない。無邪気な見物人として、私たちは脳が想定したものを見るように強いられる。もし背景の円を取り外せたら、どの辺もまっすぐになるのだが……。

　この章の絵を見る際には、定規が役に立つ。「この部分は曲がっていない」とか「この線の方が長い」などという説明があったとき、そのまま鵜呑みにしてもいいが、できれば定規などを使って確かめてみたらどうだろう。何でも疑ってみる、というのは大切な習慣だ。

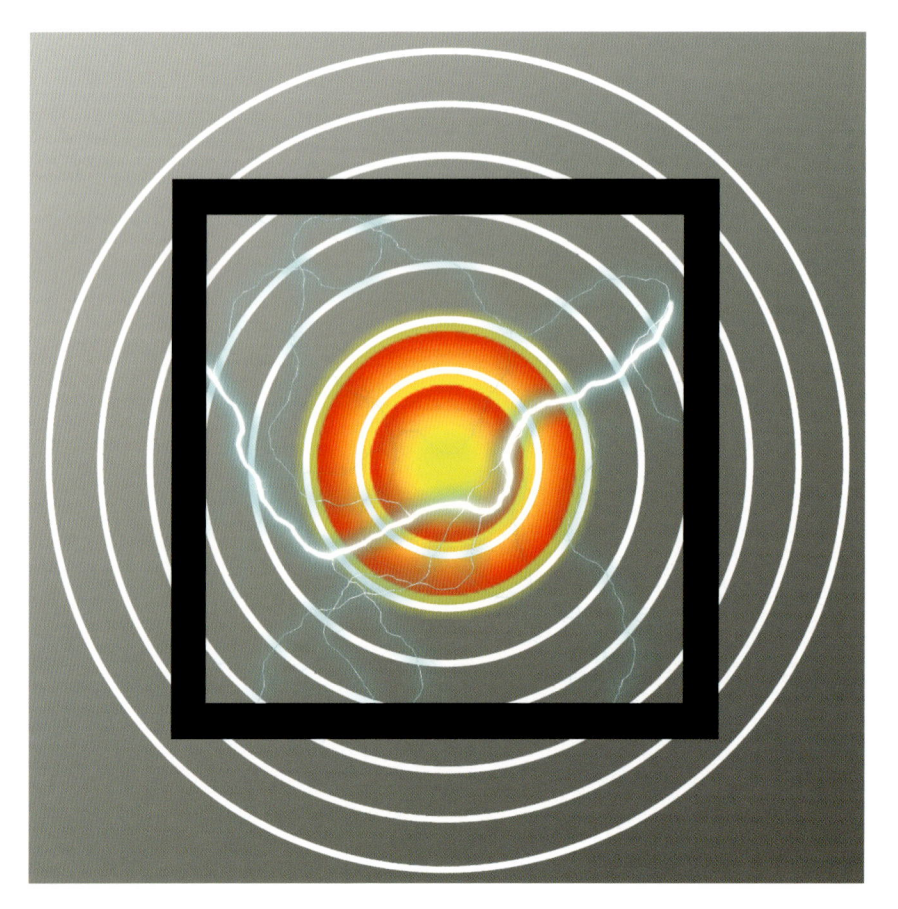

歪んだ正方形（R・オズボーン、2008年）

[右のページ・左下]
くの字形による歪み（R・オズボーン、2008年）
図形のせめぎ合い。ここでは「く」の字形のストライプが、円を引っ張って歪めているように見える。実際には完全な円なのだが。

[右のページ・右下]
曲がる平行線（R・オズボーン、2011年）
赤い2本の直線は平行だが、背景の斜線のせいで曲がって見える。

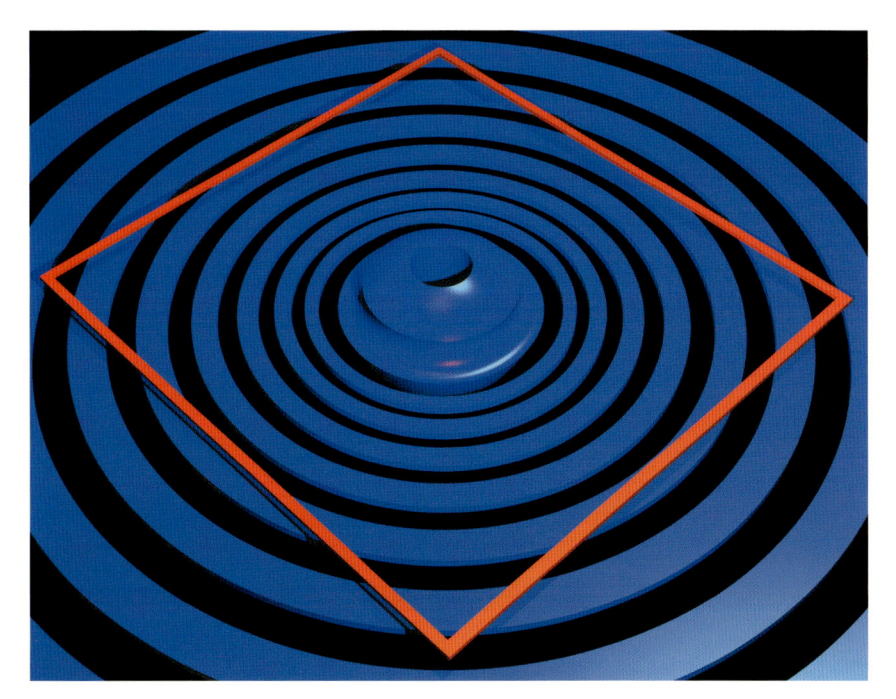

［上］
3D画像の円と正方形（R・オズボーン、2008年）
これは「歪んだ正方形」を3D画像で表現したものである。正方形の辺はもちろん直線だが、青い円の影響で内側に引っ張られているように見える。

［中段・左］
主観的な歪んだ正方形（R・オズボーン、2007年）

［中段・右］
歪みのある空間（R・オズボーン、2007年）
2本の黄色い直線は少々曲がって見える。

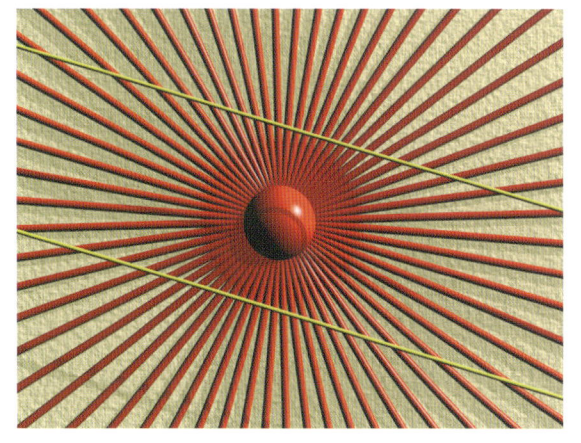

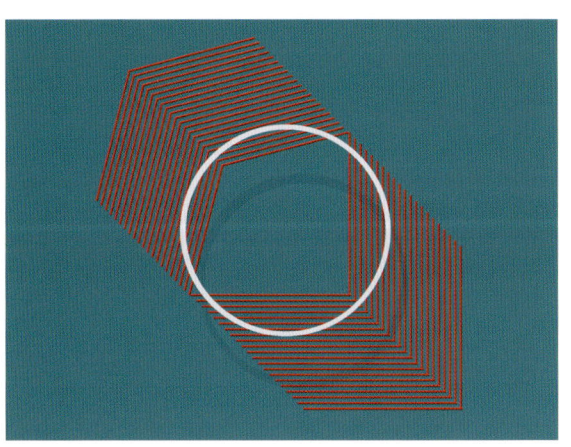

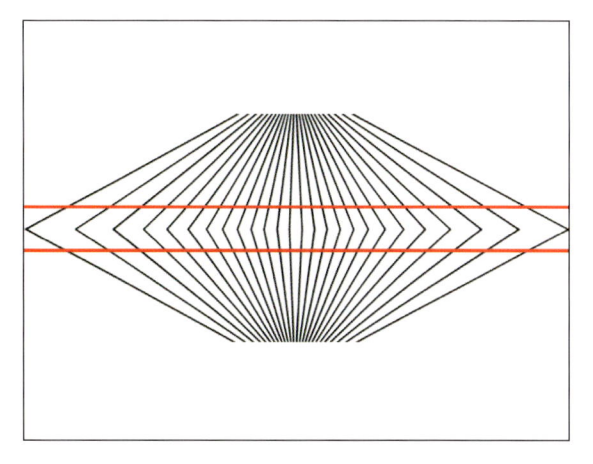

第5章　歪んだ世界

遠近法の錯視

　イタリアの心理学者ポンゾの紹介した錯視では、手前から彼方の一点に向かって線路のような平行線が延びている。ここに横向きの平行な線分が加えられると、脳は線路の枕木のように見てしまう。枕木であれば、遠くにあるほど小さく見えるはずだ。つまり上の線分は遠くにあると解釈し、手前の線分より短く見えるはずだと予想する。ところが予想に反し、どう見ても上の線分は短く見えないので、私たちは上の方が長いと認識してしまう。科学者はこの錯視現象を「不適切な尺度の恒常化」と呼んでいる。

ポンゾの錯視（R・オズボーン、2011年）

[右のページ・下]
遠近法の錯視（R・オズボーン、2008年）
横に並んだイメージは（両端の切り方のわずかなずれを除いて）まったく同じものである。なぜこんなに角度が違って見えるのだろう？　私たちの遠近感覚は、たとえ太陽が2つ見えようとも、なんとか1つの風景として統合しようとする。脳は当然のように、すべて平行に延びるものは地平線上の一点にむかって収束していくはずだと思い込む。とすると図で平行に描かれているラインは、遠方に行くほど離れていると判断してしまう。そのため赤いラインの傾き方が実際には同じなのに、異なって見えるのだ。

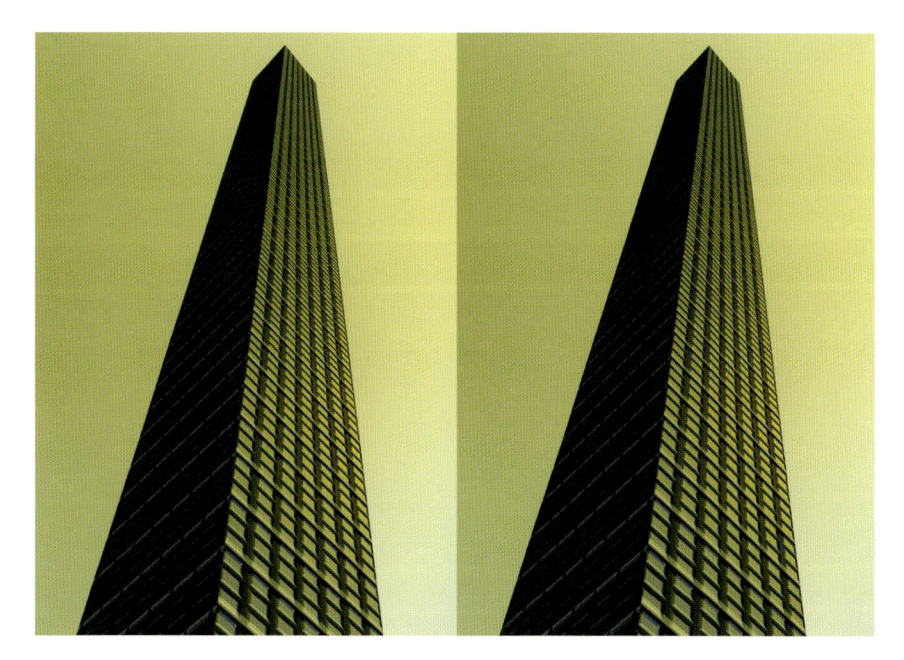

超高層ビル（R・オズボーン、2008年）
遠近法による錯視のシンプルな例。右側のビルの方が傾いて見える。実際には左右のビルは、傾き方を含めてまったく同じものだ。

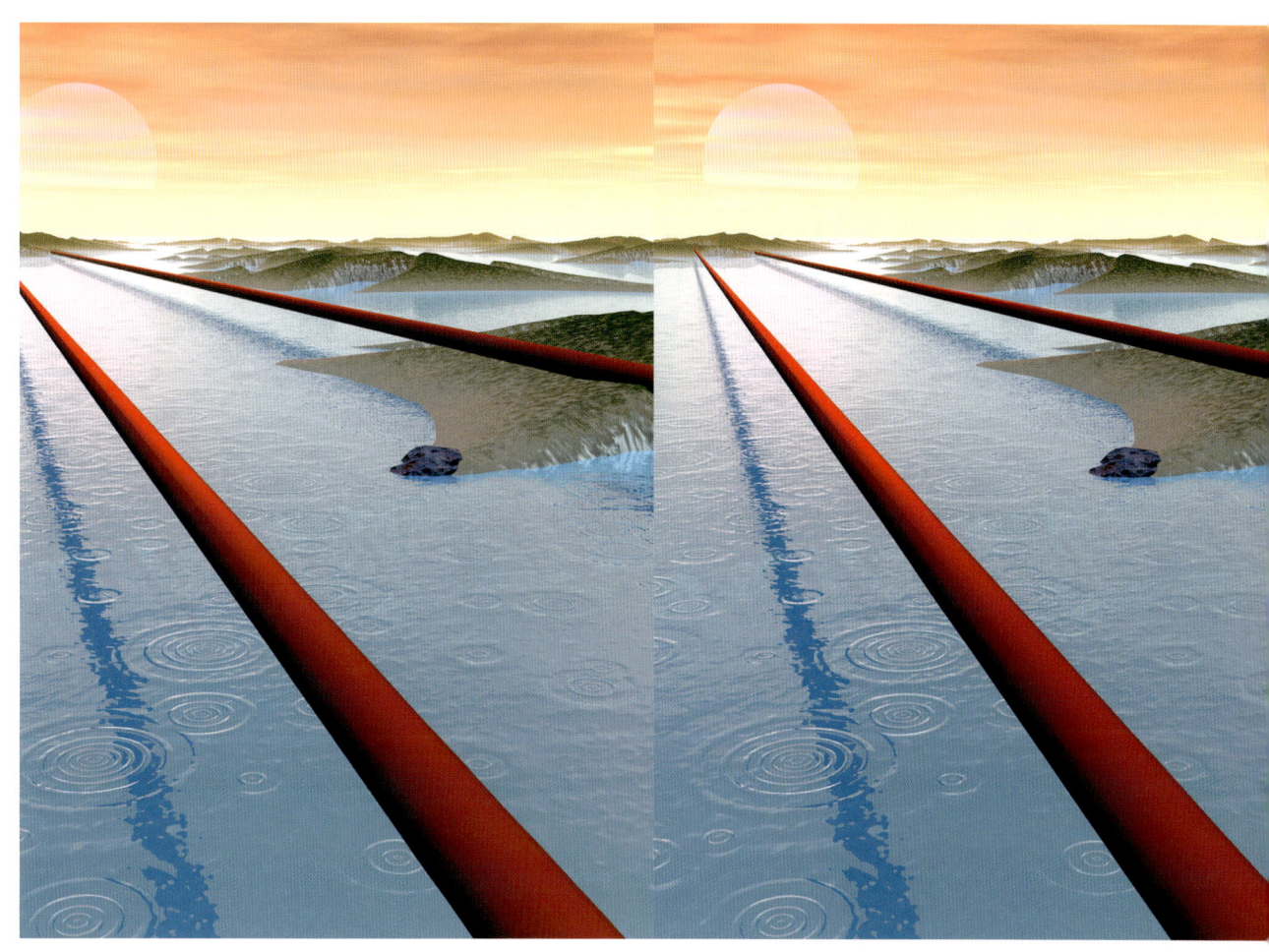

第5章 歪んだ世界

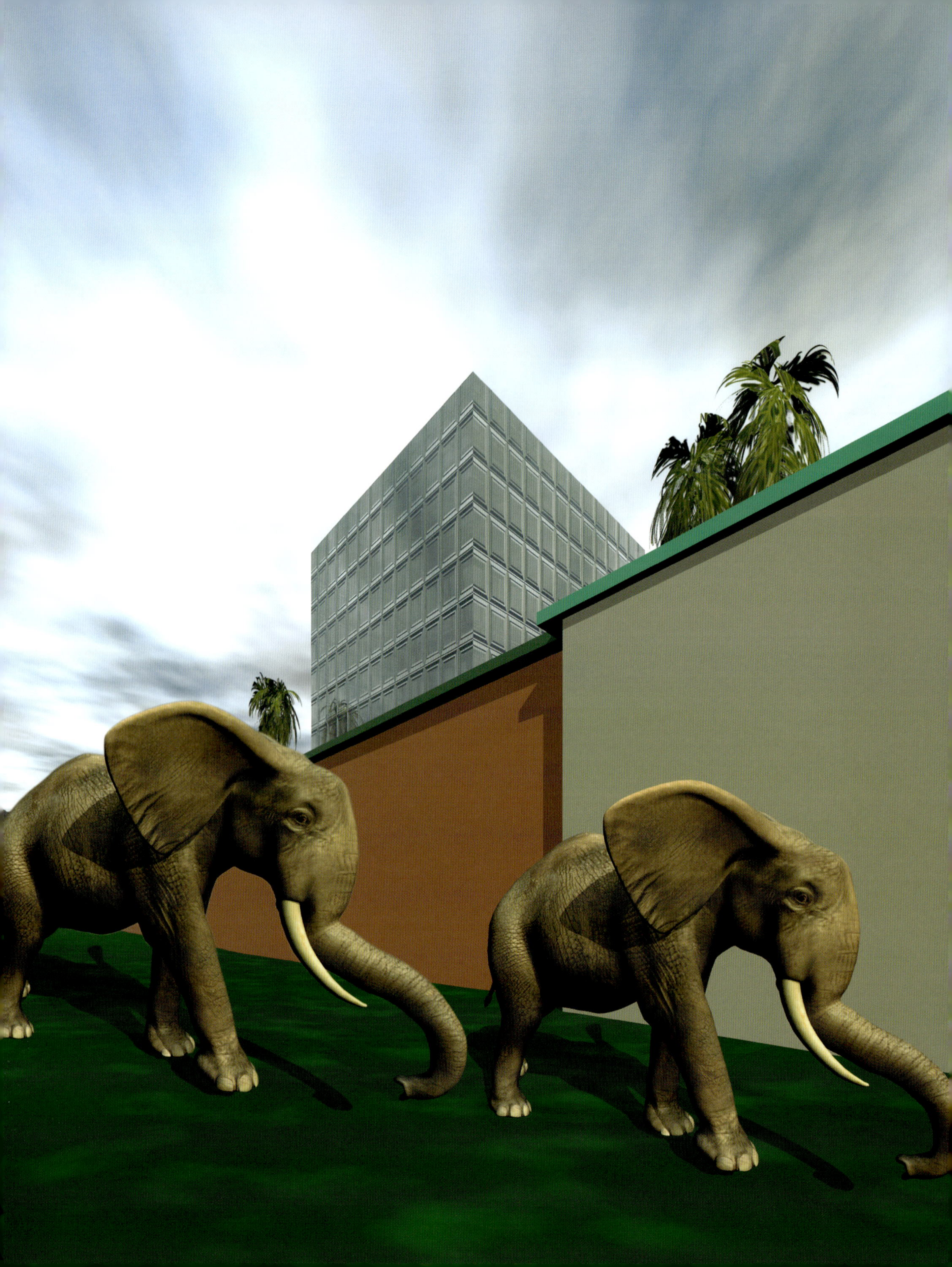

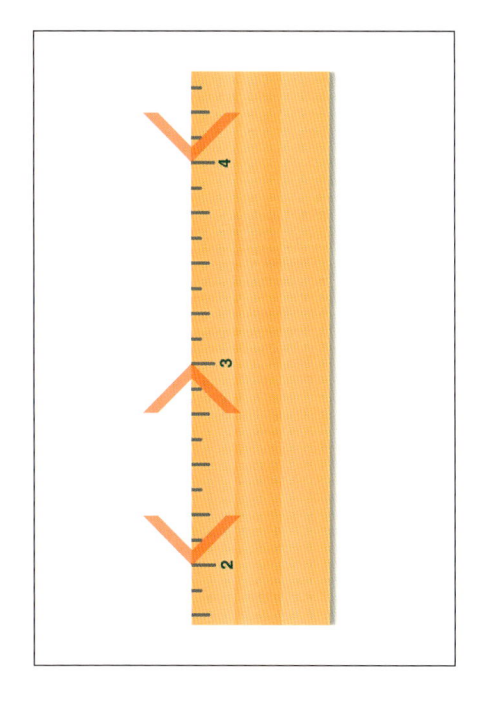

同じようなトリックが、1889年にフランツ・ミュラー‐リヤーによって紹介された有名な錯視にも見られる。下の例では、ビルを外から見た図と室内の隅の図が並べられているが、赤い縦の線はどちらが長く見えるだろうか？　実際にはどちらも同じ長さである。

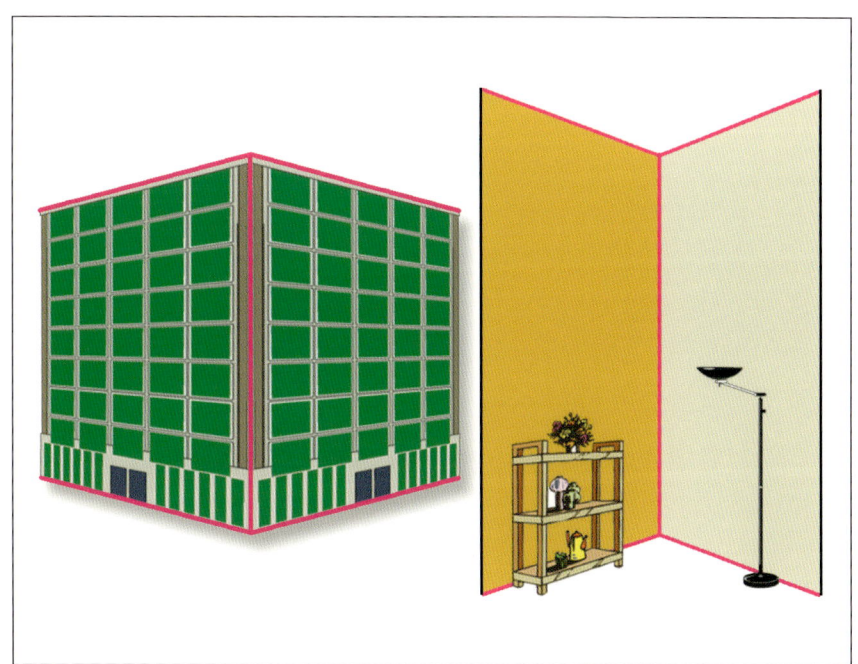

[上]
インチの伸び縮み（R・オズボーン、2007年）
ものさしの目盛に矢印をつけたミュラー‐リヤー錯視の例。どちらも同じ1インチだが、どう見ても同じ長さには見えない。

[下]
ミュラー‐リヤー錯視の応用例（R・オズボーン、2005年）
ここでは外から見たビルと室内のコーナーのイメージを加えている。ビルの外観より室内の情景の方が自分に近いと脳は判断するから、赤い縦の線も近くにある右の方が左の図よりも長く見えるはずだと考える。

[左のページ]
象の歪み（R・オズボーン、2008年）
この2匹の象はまったく同じ大きさである。傾斜した道と塀のせいで、ポンゾ錯視と同じようなサイズの見間違いが生じる。

第5章　歪んだ世界　**81**

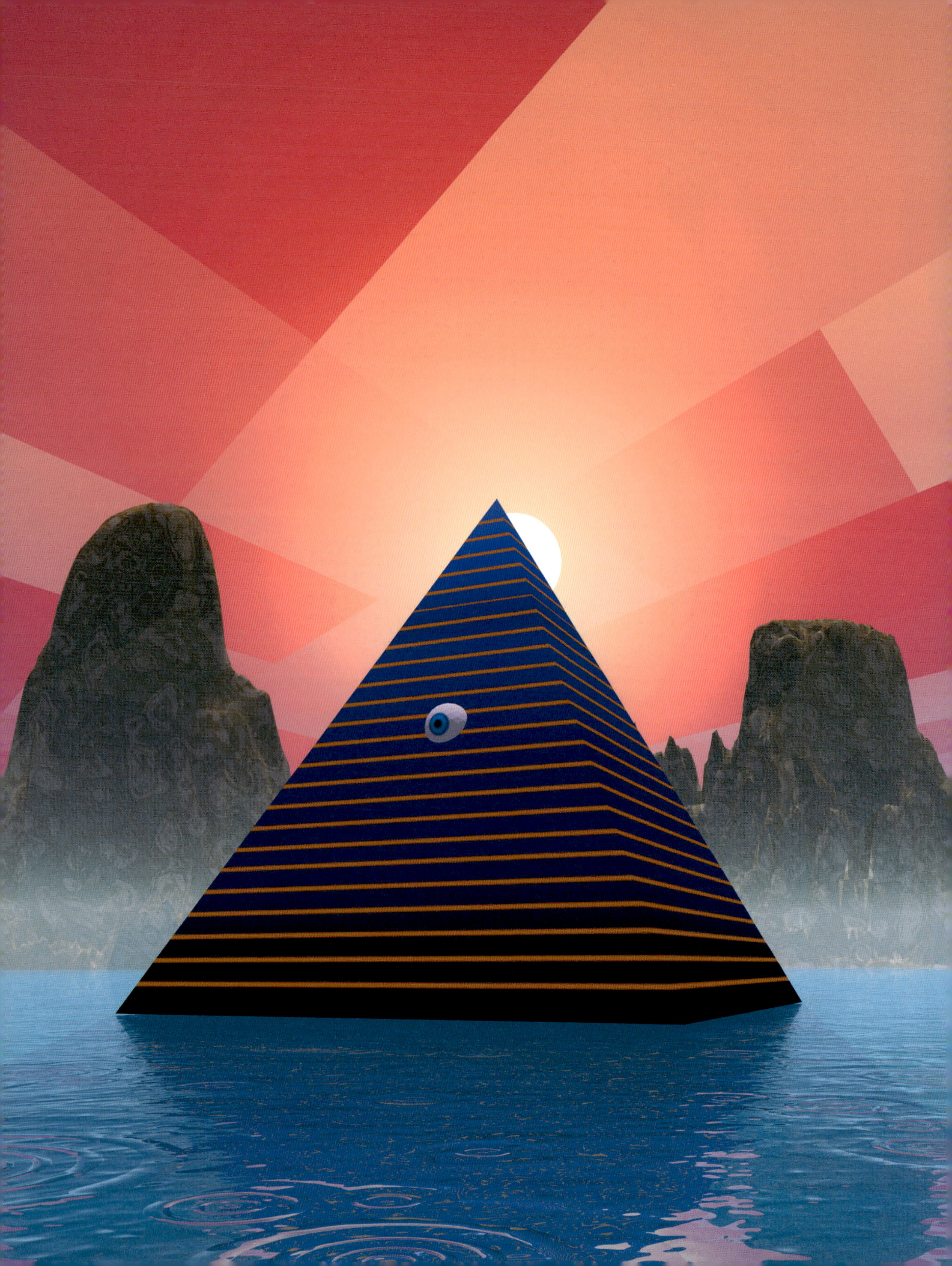

二等分点はどこ？

　私たちが目にしたり思い描いたりする図形には、中央の点が2通りある（ここでの「中央の点」は二等分する点という意味）。実際の中央と見かけ上の中央だ。実際の中央の点はある図形の幾何学的な二等分点であり、見かけ上の「中央」は単に二等分点のように見える点にすぎない。二等辺三角形を使って、錯視により「中央」（高さを二等分する点）がどうずれて見えるかを明らかにしてみよう。三角形の半分の高さを表す位置は黄色い点あたりに見えるかもしれないが、実際には青い点が底辺と頂点から等しい距離にある。定規で測って確かめてみよう。図形が正方形だったら、こういうことは起こらないだろう。上下・左右ともに対照な図形では、こういう目の錯覚による歪みは起こらない。

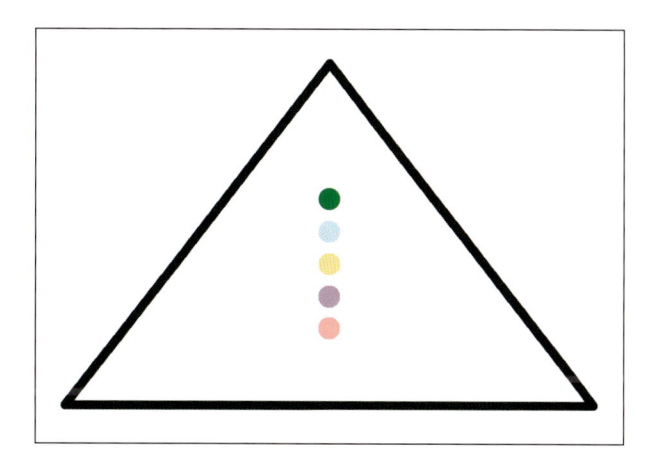

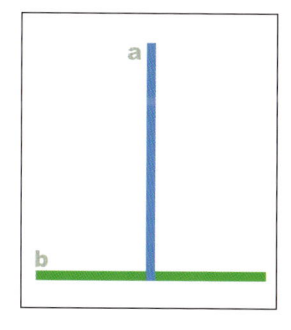

[左上]
二等辺三角形（R・オズボーン、2008年）
三角形の高さの半分を表すのは何色の点だろう？　青い点が正解だ。

[左下]
リンカーンのシルクハット（R・オズボーン、2011年）
2つの線分についての法則は、リンカーンのシルクハットと呼ばれるこの錯視例でも生きている。帽子の円筒形部分の高さは、つばの幅と同じ長さである。定規で調べてみるとよい。

[右上]
2つの線分についての法則（R・オズボーン、2007年）
2本の同じ長さの線分が図のように交わっているとき、他方を分割する縦の線分の方が分割される横の線分より長く見える、という法則がある。上の図でaとbは同じ長さだが、aの方が長く見える。

[左のページ]
ピラミッドの不思議（R・オズボーン、2005年）
目玉がついているのは、ピラミッドの高さのちょうど半分の位置である。

第5章　歪んだ世界　83

比較の問題

すぐそばにあるものとの比較によって、多くの錯視が引き起こされる。19世紀英国の心理学者E・B・ティチェナーが紹介したティチェナー錯視（「エビングハウスの錯視」とも呼ばれる）は、比較による錯視の典型である。

私たちはあるグループ内での大きさ比べは得意だが、似た大きさのものが別々のグループに分けられていると、グループ間の距離が近くても、比較はかなり難しくなる。下の図で赤い玉のサイズを判断するとき、それぞれを取り巻く白い玉の影響は大きい。白い玉との比較による「大きい」とか「小さい」という印象が、赤い玉のサイズの判断を狂わせてしまう。

[上]
ティチェナーの錯視（R・オズボーン、2007年）
どちらの赤玉が大きく見えるだろう？ 実際には、まったく同じ大きさだ。

[下]
ガラス玉によるティチェナー錯視（R・オズボーン、2009年）
ピンクのガラス玉は、反射の様子やまわりの金属球のせいで違って見えるかもしれないが、同じ大きさだ。

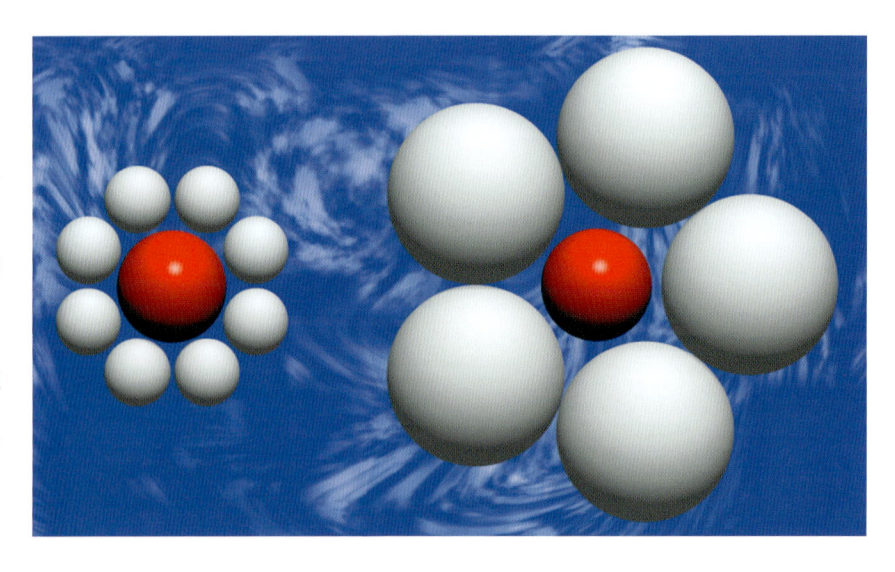

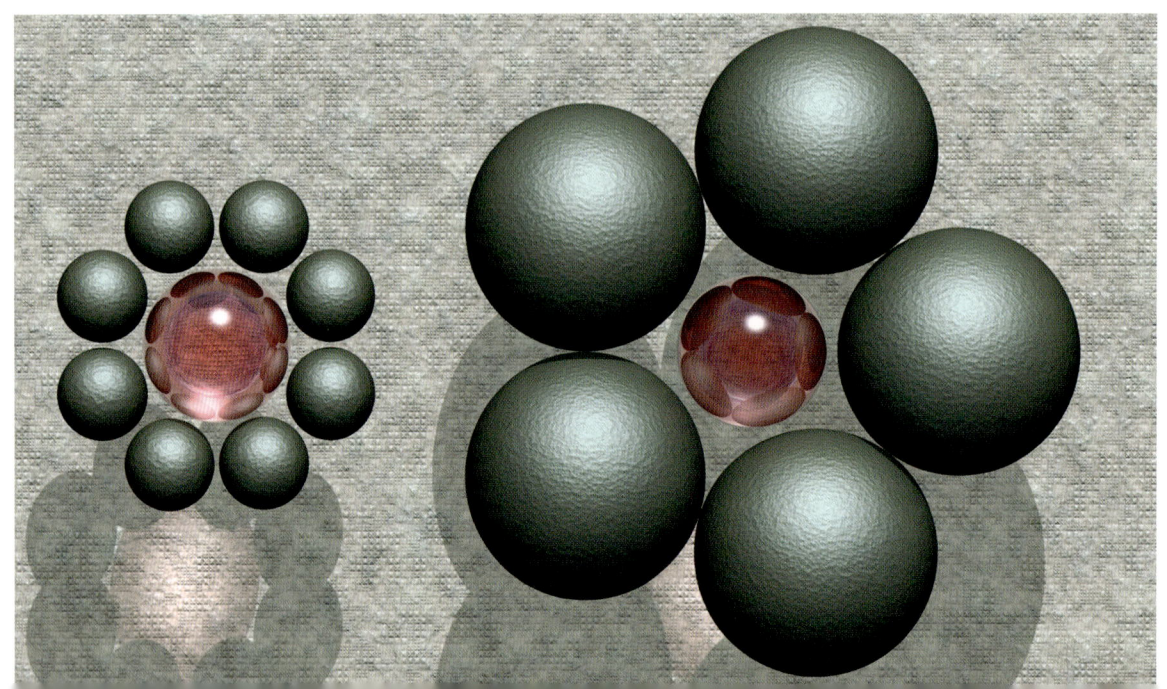

バナナ形カードの錯視（ジャストロー錯視）も、大きさの比較と錯覚の関わりを示していて興味深い。右図の湾曲したような形のカードは大きさも形も同じだが、このように同じ向きに並べられると左の方が大きいという誤った印象を与える。片方を反対向きに置き換えれば、このような錯覚は生じない。

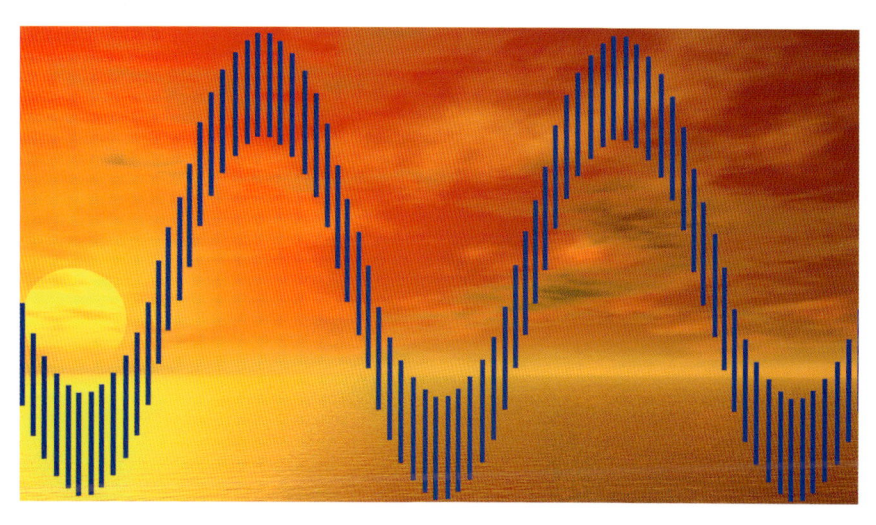

［右上］
バナナ形のカード（R・オズボーン、2011年）
一方の長い曲線が他方の短い曲線と隣り合うように置かれている。私たちはこの曲線の対比を図形全体に広げてしまい、左の図形の方が右より大きいと思い込む。

［上］
正弦波効果（R・オズボーン、2008年）
波形を形作っている多数の短い線分はすべて同じ長さだが、場所によって長短があるように見える。

［下］
自然のつくり出す波形（R・オズボーン、2008年）

第5章　歪んだ世界　85

斜めになると……

　ポッゲンドルフ錯視は、1860年にドイツの物理学者J・C・ポッゲンドルフが紹介したものである。縦あるいは横に延びる太いラインの背後を斜めの線が通過するとき、私たちの目にどう映るのかを、ポッゲンドルフは研究していた。直線が途切れても想像で中断部分を補ってたどること自体は、私たちにとって難しくはない。ところが直線が傾いていると話が違ってくる。下に示したのは、古典的なポッゲンドルフ錯視の図である。もしカラーのラインが水平に引かれていたら、グレーの部分で途切れていてもどれが白い線の延長上にあるかを見抜くのは容易だろう。だがこのように斜めになると、知覚に狂いが生じ始める。

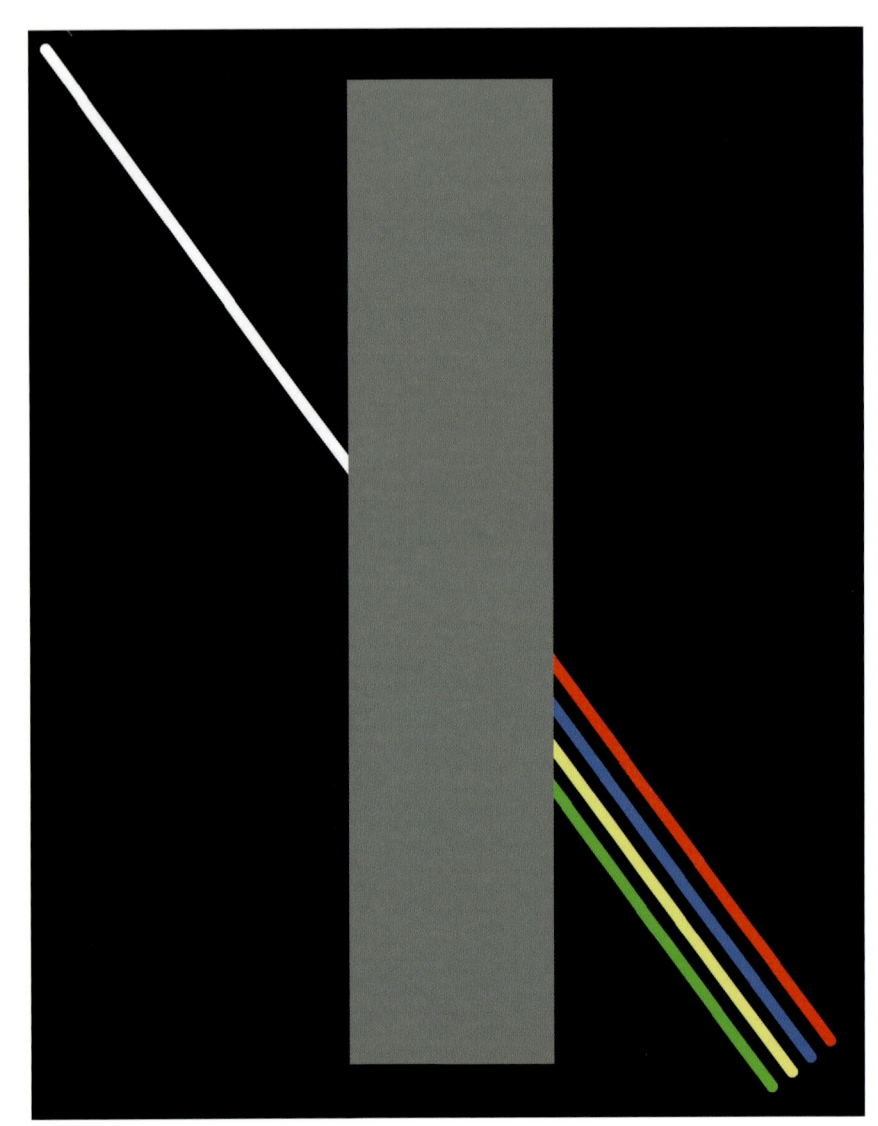

ポッゲンドルフ錯視（R・オズボーン、2008年）
白い直線と同一直線になるのは何色の線だろう？　赤か青の線だと思った人は、もう一度よく見てほしい。正解は黄色の直線だ。定規をあててみよう。

[右のページ]
ポッゲンドルフを称えて（R・オズボーン、2008年）
左上から右下へ赤い直線が貫いているように見えるが、実際に左上の赤い線と同一直線になるのは緑の線である。（背景の絵はC・H・ブリテンハムの作品）

第 5 章　歪んだ世界

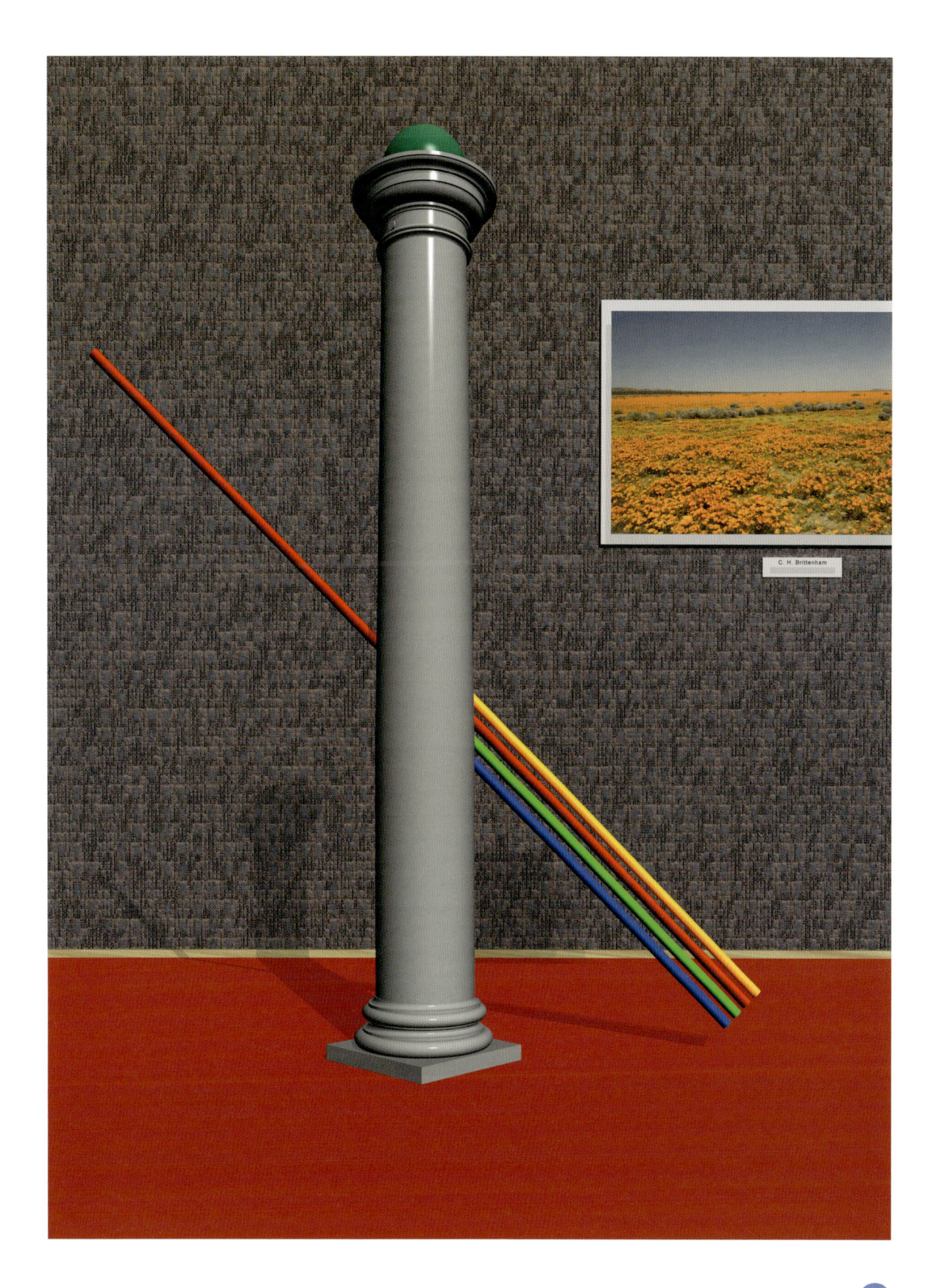

右の「鎖と板」の図は、ポッゲンドルフ錯視の応用例である。板の幅がやや広めにとってあるが、鎖は1本につながっていて、たるんではいない。右下に見えている鎖がまっすぐに延びて、左の鎖につながっているように見えるだろうか。

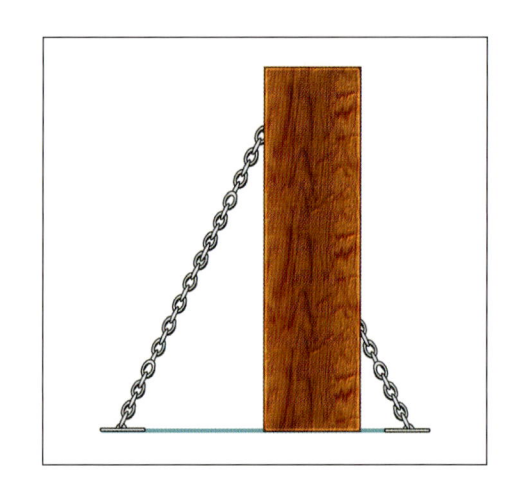

[上]
鎖と板（R・オズボーン、2007年）
左右に見えている鎖はつながっている。

[下]
歪んだ六角形（R・オズボーン、2011年）
正六角形の敷板は、各頂点に不規則に置かれた三角形のせいで、心なしか変形しているようにも見える。この形がきちんとした正六角形であるとは、なぜか言いにくい。

　ツェルナーの錯視は、19世紀ドイツの天文物理学者J・K・F・ツェルナーが考案したとされる。次ページ左上の図では、何本かの太い平行線に細かい線分が数多く斜めに交わっている。多数の細かい線分がすべて同じ方向で交わっていたら、何の効果も生まれないだろう。ところが列ごとに向きが変わると、太い平行線が歪んで見える。その右隣の例では文字が書かれているラインが、傾いて見える。

[左上]
ツェルナーの錯視（R・オズボーン、2007年）

[左下]
ヤシの木立（R・オズボーン、2008年）
ヤシの木々はすべて完全に直立している。だが幹に描かれた緑の斜線のせいで、なんとなく左右に傾いているように見える。

[右上]
ツェルナー錯視による歪み（R・オズボーン、2007年）
文字の書かれた横のラインは、すべて水平で平行だろうか。定規で確かめてみよう。

[右下]
楔形模様（R・オズボーン、2008年）
この帯状の図柄は、楔形の矢が指す向きとは逆方向に狭まっているように見える。多数の小三角形の辺がツェルナー錯視の細かい斜線の役割を果たしている。

第5章　歪んだ世界　89

「フレーザーの渦巻き」という錯視は、ツェルナー錯視の親戚といえるかもしれない。「渦巻き」を形作っている曲線が撚糸のように見えることから、ねじれ紐の錯視と呼ばれることもある。だがこの図柄は渦巻きではない。実際にはいくつもの独立した同心円が、外側に向かって広がっているにすぎない。縄状の模様に背景の効果も加わり、単なる同心円が渦巻きのように見える。

フレーザーの渦巻き（ジェームズ・フレーザー、1908年）
この見事な錯視デザインは、1908年の英国心理学会誌にフレーザーによる解説とともに発表された。

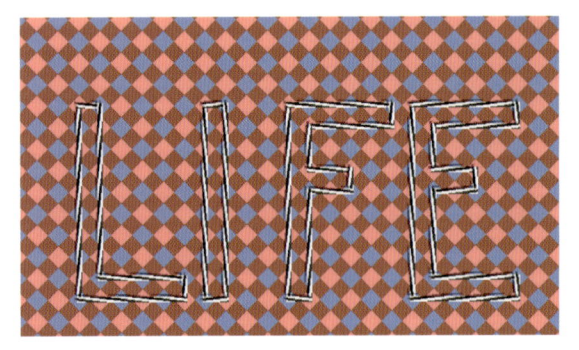

編み紐風の文字（R・オズボーン、2008年）
ねじれ紐のデザインで描かれたLIFEという文字は、全体としてはどれも傾いてはいないが、ねじれ紐の効果で曲がって見える。定規を当てて文字自体がまっすぐであることを確かめてみよう。

シンプルなねじれ紐（R・オズボーン、2008年）
フレーザー錯視の基本形。最上段にはこの模様が全体として水平に描かれていることを示すために、赤いラインが入れてある。段ごとに向きが交互になっているので、上から下へジグザグ模様のように見える。

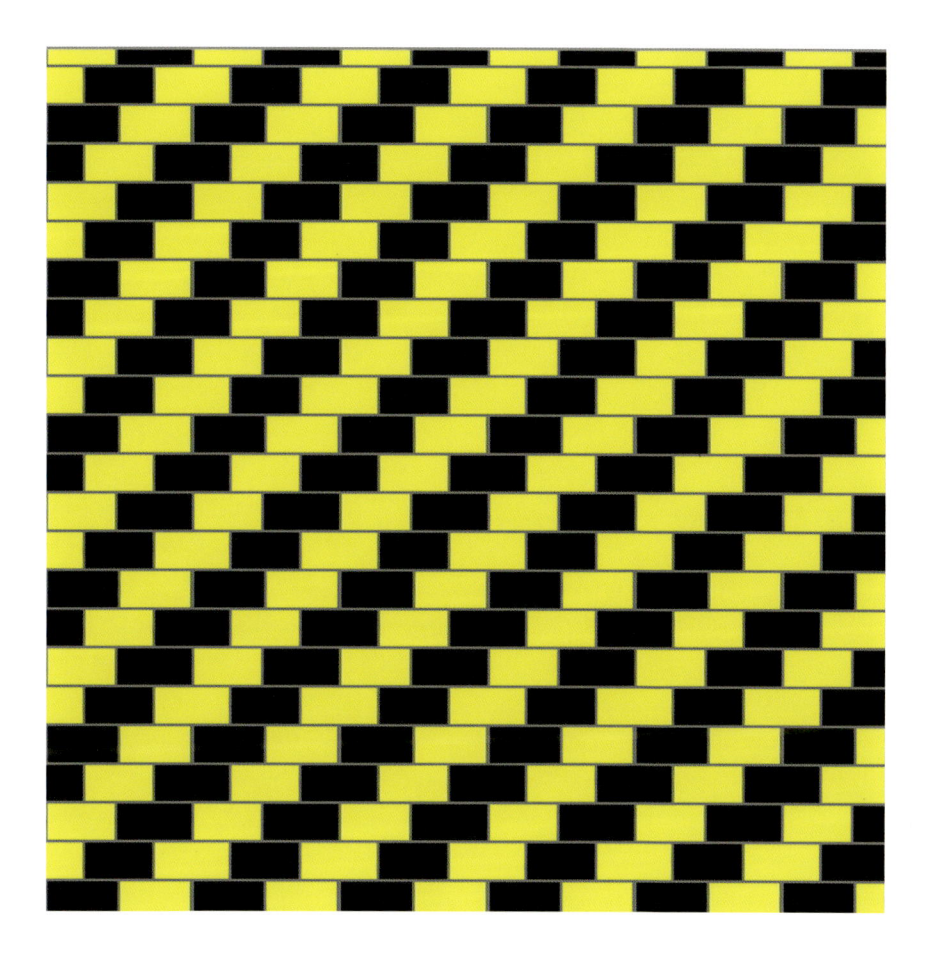

カフェウォール（R・オズボーン、2008年）
右下がりに傾いて見えるこの模様は、実はまったく傾いていない。この錯視は1970年代に英国のあるカフェの壁にあったタイル模様に由来するといわれ、ブリストル大学のリチャード・L・グレゴリーとプリシラ・ハードによって紹介された。通常のタイル模様でこのような錯視が起こるわけではない。タイル間のラインの太さや濃さ、さらにタイルのずれ具合によって、生じる現象である。

輪郭の錯覚

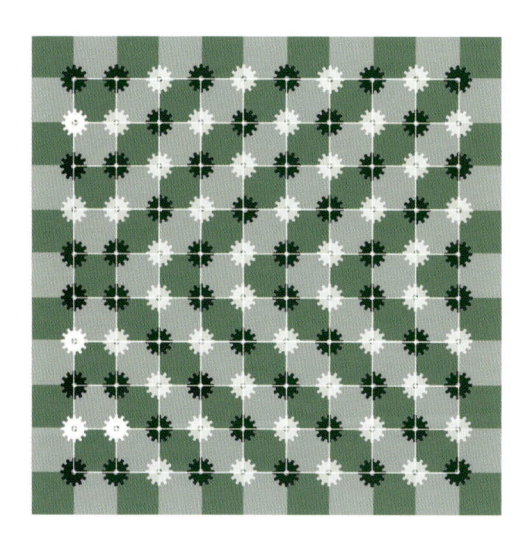

［上］
まなざしの困惑（R・オズボーン、2009年）
歯車を1つだけ置いても大した違いは生まれないだろう。しかしこれだけ多数の明暗の歯車を配置すると、きっちりとした市松模様に歪みが生じる。

［下］
光はどこから？（R・オズボーン、2007年）
私たちは上方から照らす光の反射に慣れている。この慣れに逆らってものを見るのは、結構難しい。この図で上が明るい3つの部分は膨らんで見え、下が明るい3つがへこんで見えるのは、光が上方から当たっていることを前提にしているからだ。光が下から当たっていると想像してみよう。すると凹凸は反対になる。

第5章　歪んだ世界

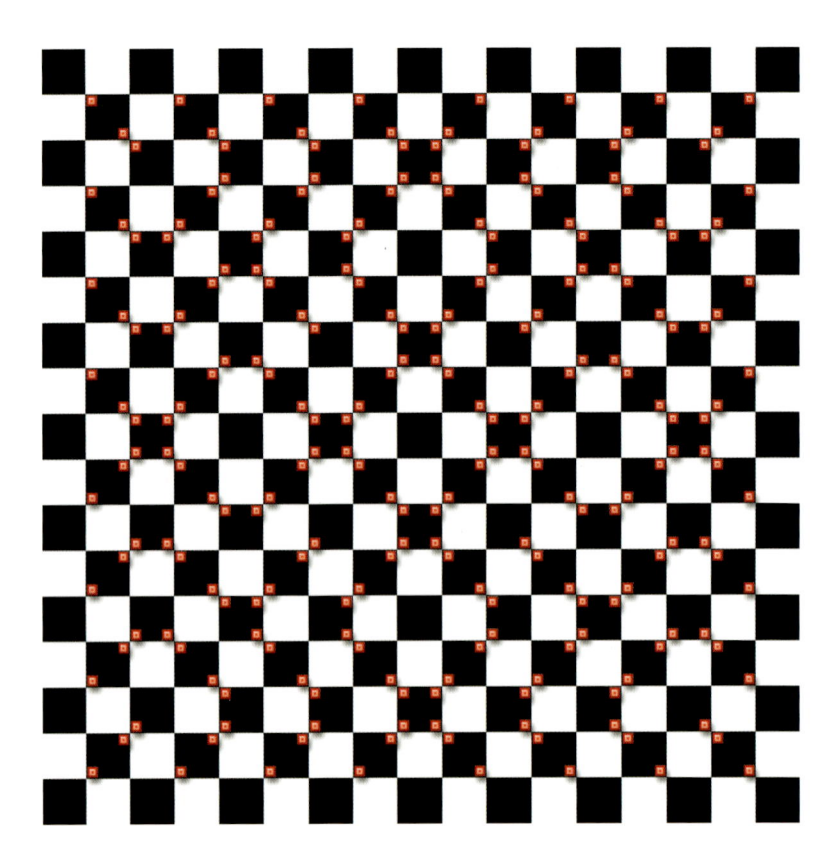

［上］
歪みのある市松模様（R・オズボーン、2011年）
この市松模様は縦横のラインが波打っているように見えるが、実際には正方形からなる直線的な模様である。微小な赤の要素は単独では大した効果をもたないが、これだけの数が配置されると全体の印象を変えるほどの影響を与える。定規を当てて確かめてみよう。

［下］
正方形と星の模様（R・オズボーン、2009年）
これは通常の市松模様だが、意図的に配置された多数の星印のせいでかなり歪んで見える。

［右のページ］
不思議な輪（R・オズボーン、2008年）
中心の玉を除けば、全体が平面的なデザインである。波打つような模様は単純な柄の繰り返しであり、背景は均質な黒のみ、中央の玉は錯視効果を与えるものではない。にもかかわらずこの円盤には、中心から外へと広がる波紋が立体的に浮き上がって見える。本をどう回転させても、波の凹凸の印象は変わらない。曲線の形が生み出す凹凸の印象には、光は上から当たるという私たちの常識が関係しているのかもしれない。

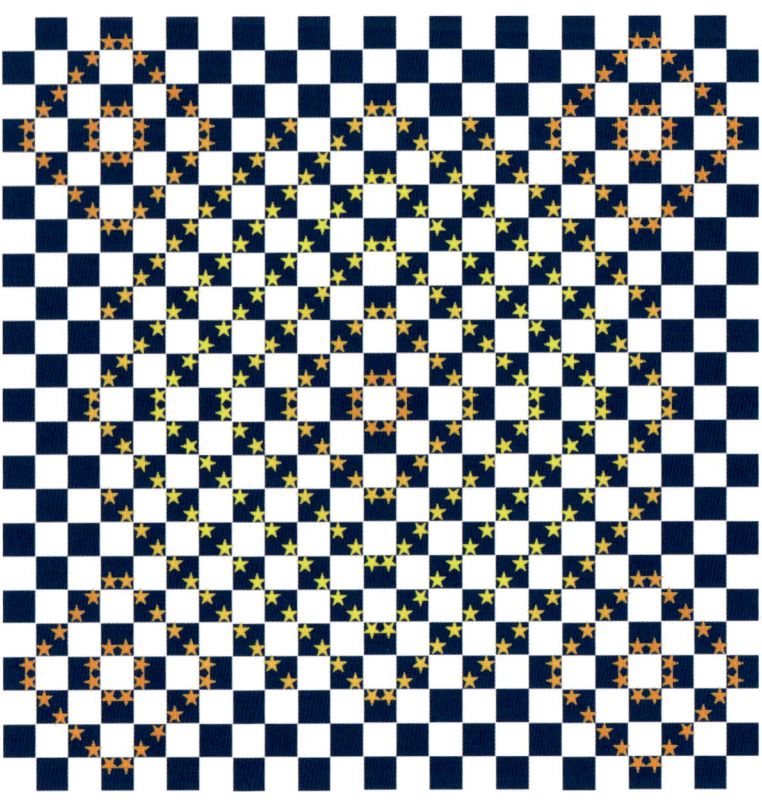

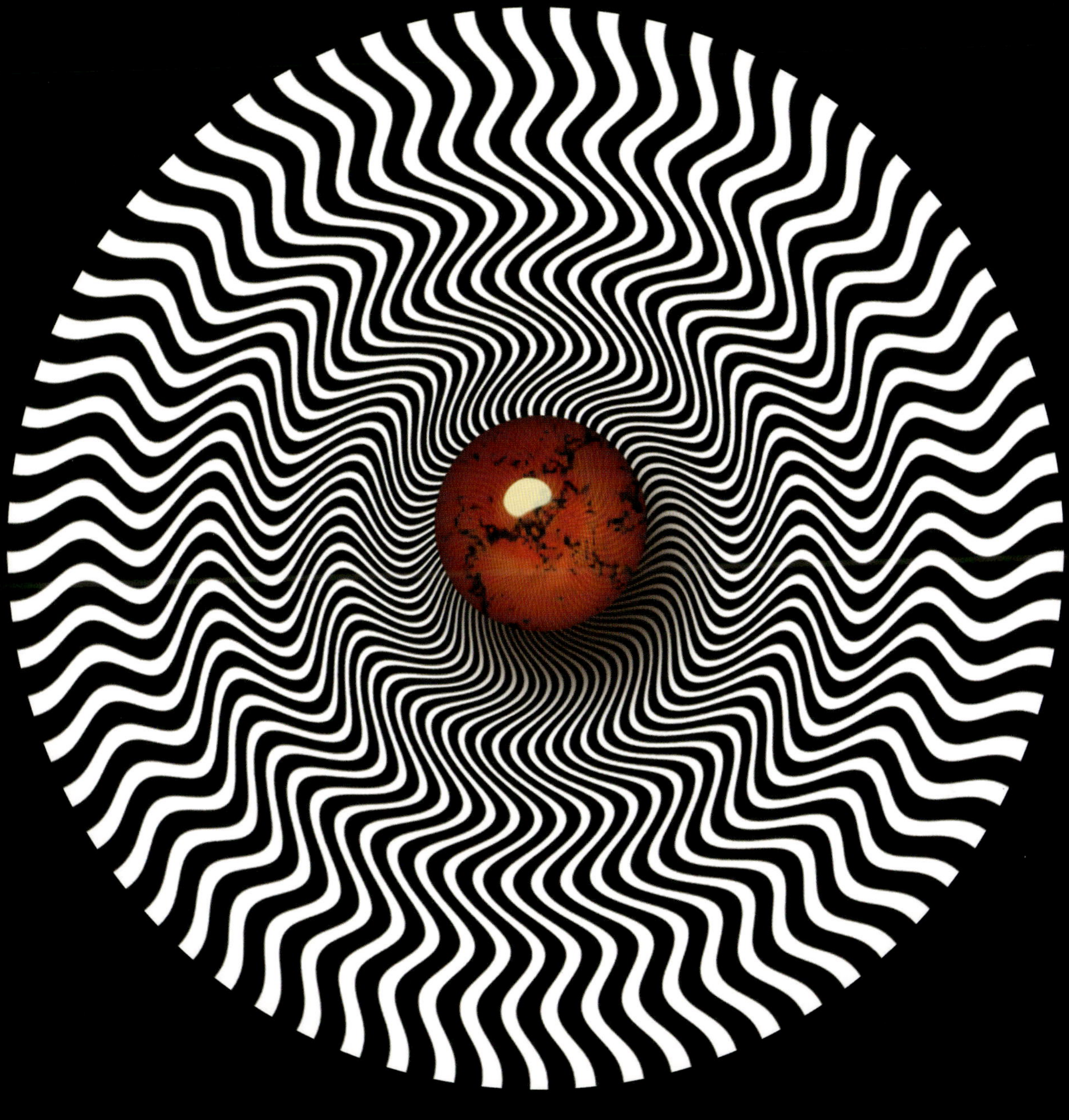

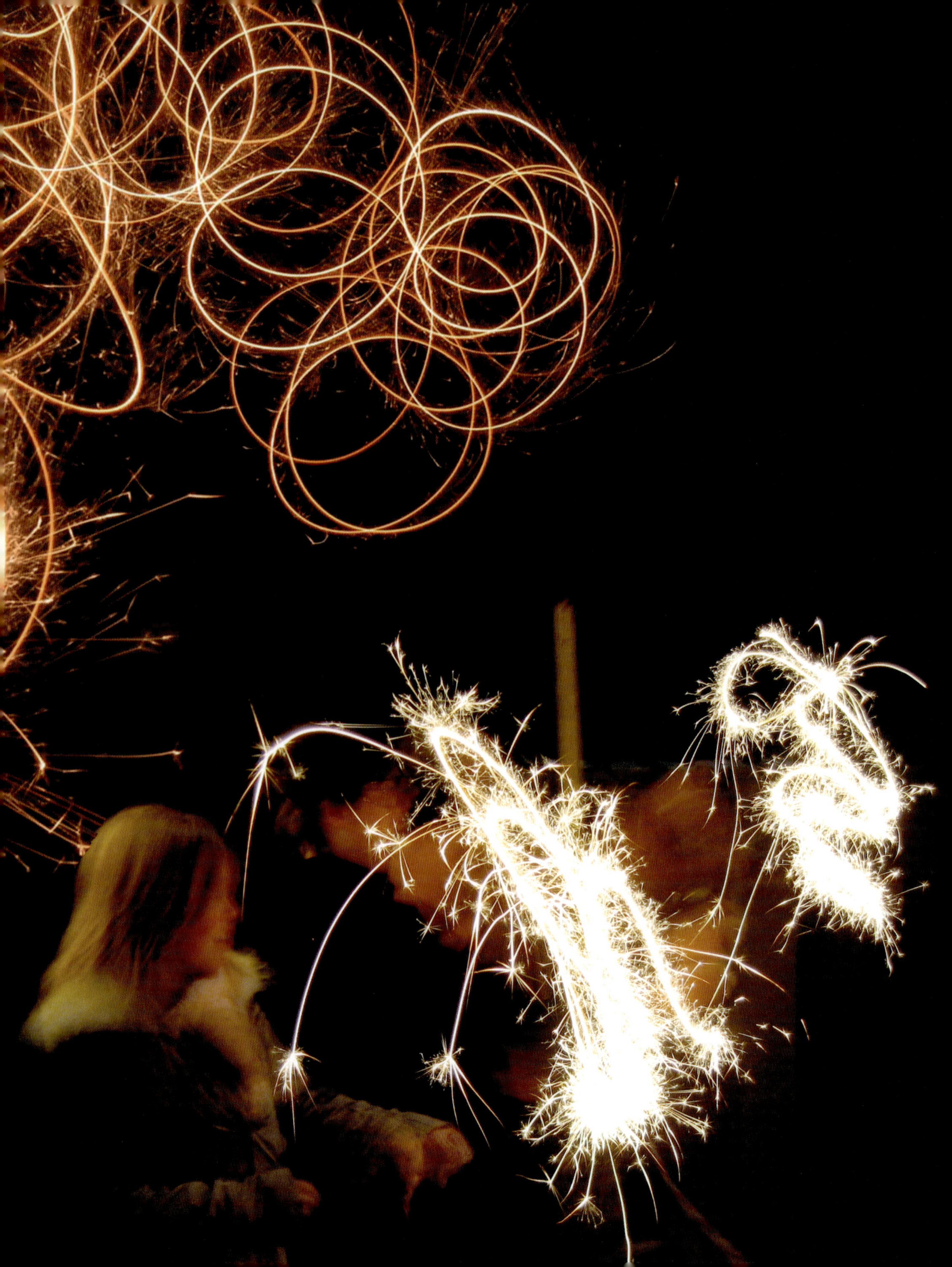

第6章

残り続ける像
The Persistence of Vision

私は見るのをやめたのに、私の目が見続ける！

――ロバート・オズボーン

残像とは、見る行為の後に網膜に映像が残ることである。網膜に映った像はすぐには消えず、少しの間その場に残ろうとする。私たちが普段残像を意識しないのは、目が絶えず動き続けて、入れかわり立ちかわり新たな像を捉えているからだ。残像は調べてみるととても興味深く、いろいろと啓発してくれる視覚現象である。残像を視覚化することは難しくない。何かを見て中断し、目と精神を別のものに向かわせるだけでよい。

残像が知識として語られるようになったのは、16世紀にパトリス・ダルシーというフランスの科学者が熱した石炭を紐に結びつけ、暗闇で振り回したのがきっかけだという。彼は発光する石炭の動きに沿って光の筋が見えることに注目した。現代人が暗闇で花火を振り回すのと同じだ。目に像が少しの間残り、次の同じような像がすぐに追いつくなら、連続した筋となってちょっとした光のショーが繰り広げられると、ダルシーは推理した。そしてこの現象を「映像の持続」と呼んだ。現代に生きる私たちは、この残像効果のおかげで、テレビや他のデジタル映像を楽しむことができる。

カメラのフラッシュを目の当たりにしたことのある人なら、誰でも残像を見た経験があるだろう。強烈な光に目がくらみ、視力が回復するまでの数秒間は、残像体験の極端な例である。ここで扱う残像効果はもっとやさしく穏やかなものだ。

[左のページ]
残像（R・オズボーン、2009年）
花火を振り回すと暗闇に光の筋が生まれ、動画のようなイメージの連鎖が目の奥に残る。

残像を視覚化するには、まず網膜の光受容体（レセプター）に光の刺激を蓄えなくてはならない。つまり目の中の特定の光受容体に、対象のしっかりとした像を保てるだけの光の情報を取り込む必要がある。この「入力」の間は、目を動かしてはいけない。少しでも視線を動かすと、新たなレセプターが関わることになるので、もう一度初めからやり直さなくてはならない。このときに用いるテクニックを、私は個人的に「彼方へ旅する凝視」と呼んでいる。

　その見つめ方を、私はこんなイメージで呼び起こす。味気ない文法か何かについて教師が延々と話し続けている教室で、生徒の私はぼんやりと窓の外を見ている。何も見ていないのだが、同時にすべてを見ている。私の目は集中して動くことはないが、何かを意図的に見ているわけではない。その光景全体が私の中に取り込まれるが、心ははるか彼方へ飛び去っている。ある人はこれを「拡張する凝視」と呼ぶかもしれないし、あるいは単なる夢遊状態だと言うかもしれない。呼び方はどうあれ、このテクニックは残像を見る際にとても有効だ。「ゾンビのまなざし」であれ「ロボットの視線」であれ、あなたも自分なりの見つめ方を見つけてほしい。

　光レセプターへの入力に必要な時間は、取り入れる光景によってさまざまである。ここで扱う残像に必要な入力時間は30秒を超えることはないだろう。それ以上の時間をかけてみても、結果は大して変わらない。短い入力時間で大きな効果が得られるものが良い残像というべきだろう。入力プロセスが完了したら、無地の紙、明るい色の机、壁など、近くにある特徴のない面に注意を向

注意

　あなたの目は見つめている対象から無防備に光のエネルギーを受け取る。太陽に目を向ければ、網膜は喜んで光の奔流を受け入れてしまい、何兆個もの光子からなる電磁波が眼球にやけどを負わすことになる（決して見ないように！）。仮にここで紹介した残像がうまく見えなくても、心配には及ばない。色覚異常などを含めた視覚の個人差が原因かもしれないし、暗い照明のせいで効果が出ないのかもしれない。不十分な照明では眼精疲労を起こしかねないので、目を使う実験は適切な明るさのもとで実行しよう。

ければよい。目を閉じると、まぶたの裏は暗いので、物や場面が白ければ残像は消えてしまう。残像は通常もとの像とは明暗が逆になるか、もとの色の補色の像として現れる。黒いものを見れば、白い残像が生まれる。下の図は12の色の補色と残像の色を示している。

　残像が普通は補色になることについて、十分に理解が進んでいるとはいえない。目が色の刺激から離れて明るい無地の面に向かうとき、特定の色のレセプターが疲労して弱い信号しか出せなくなり、周りのレセプターが強い信号を脳に送って補色の像ができるのではないか、と一般には考えられている。

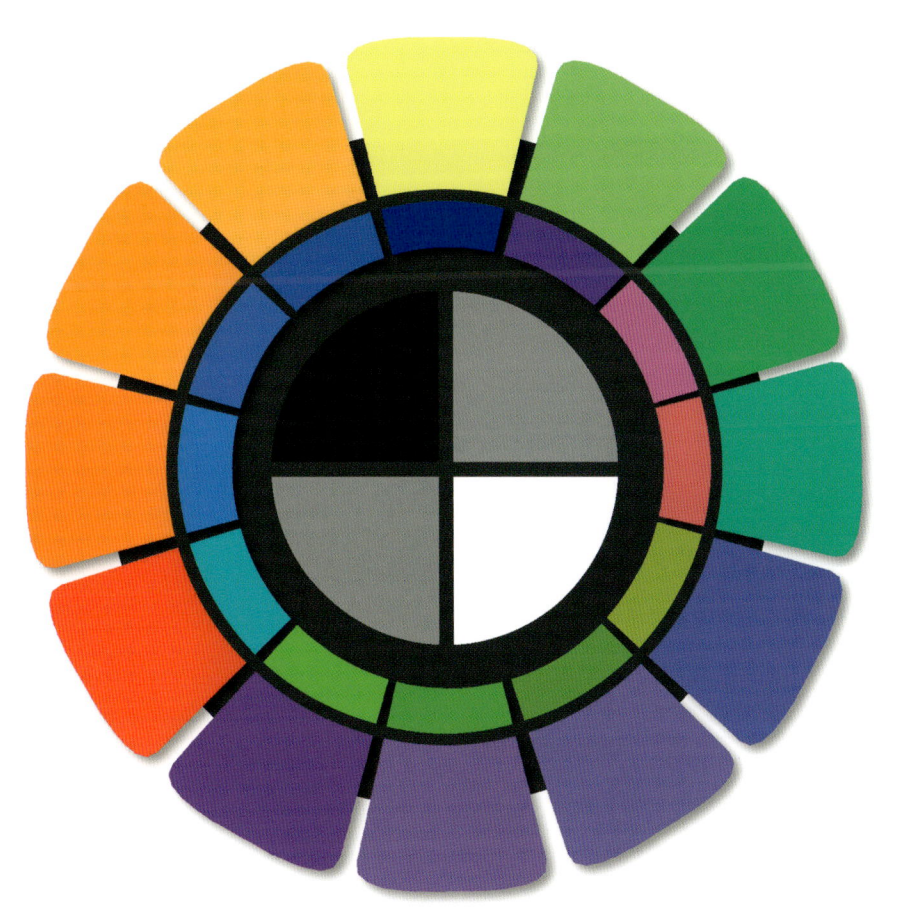

残像の色彩（R・オズボーン、2009年）
この図は補色の組み合わせを調べるために使える。外側の色を見たときにできる残像の色が、内側の輪に示してある。残像の色彩は薄く弱々しいのが普通なので、ここに示した色も厳密なものではない。見たものが灰色の場合、残像も同じ灰色になるので、灰色は背景として使われることが多い。

第6章　残り続ける像　97

残像がどんなもので、どうやって見るかを理解したところで、まずは白黒の単純な図で前述の「彼方へ旅する凝視」を試してみよう。残像を見るために、左側の黒い円を15秒ほど見つめてみる（微かな効果でいいなら５秒くらいでも構わない）。入力ができたら、視線を隣の黒い四角に移す。何が見えるだろうか？

　黒い四角の上にぼんやりと灰色の円が姿を現わすはずだ。この円の明るさは、どのくらい黒い円を見つめたか、また実験をするときの照明が適切かどうかで変わってくる。

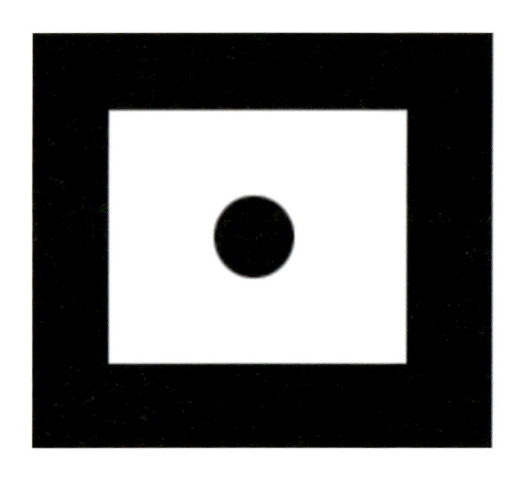

▎補色の残像

　今度は色のついた図で試してみよう。下の信号機の色は普通とは違っている。正しい色の信号機を見るために、まず真ん中の青のライトを見つめよう（時間は15秒ぐらい、必要ならもう少し長く）。その後、無地の紙に目を向けると、赤・黄・緑の通常の信号が現れるはずだ。

　同じ残像を見るための大きな絵を右に用意してある。少し距離をとって、部屋の壁などで残像を見てみよう。

［上］
淡い印（R・オズボーン、2008年）

［下］
信号機（R・オズボーン、2010年）
残像の信号は上から赤・黄・緑となっているだろうか。前ページの表で色の確認をしてみよう。

［右のページ］
信号機3D版（R・オズボーン、2010年）

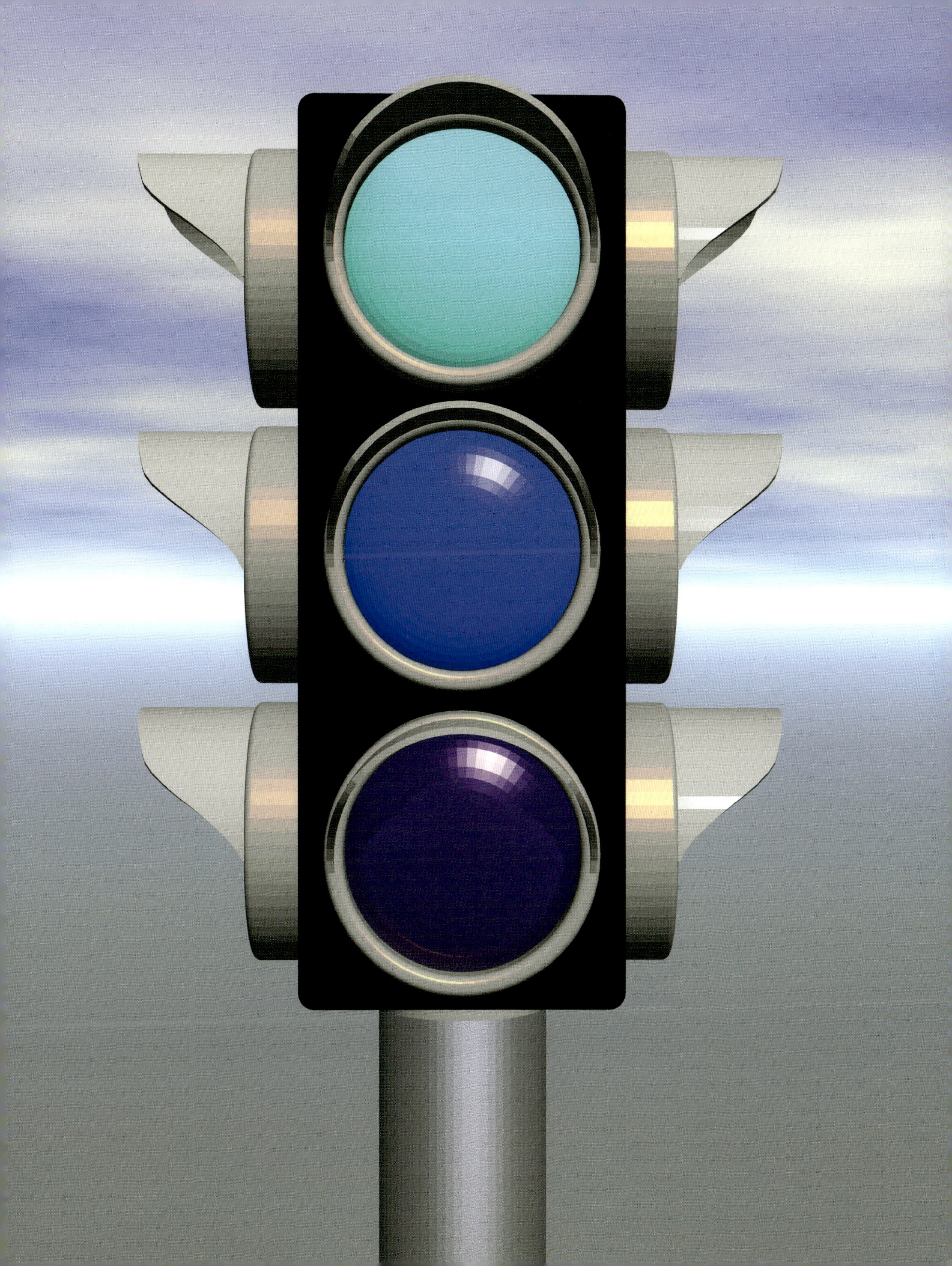

姿を消す技

「消える雲」という錯視の効果は、何かをじっと見つめている最中に現れる。下の図でカラフルな「雲」が消えるためには、中心の黒い点をじっと見つめればよい。目の周縁に見えていた雲（この見方を周辺視という）が少しずつ姿を消し、やがてすべて消えてしまう。灰色以外の色がすべて消えるのに、10秒はかからないだろう。目を少しでも動かせば、再び姿を現わす。いったい何が起こっているのだろうか。

網膜の光受容体（レセプター）が働くためには、光子の取り込みが必要だ。この図を見つめる間に働くレセプターでは、神経へ信号を送る処理過程で、光を感知するカルシウムイオンや環状ヌクレオチドが不足して、色が消え始める。あなたが目を少しでも動かせば、フレッシュなレセプターが活動を始め、色がまた現れる。レセプターはすぐに感知能力を取り戻せるのだが、そのためにはその使用を中断する必要がある。白と黒の中間色である背景の灰色だけは、消えたり変色したりしているようには見えない。本当は消えているのだが、残像も同じ灰色なので気づかない。

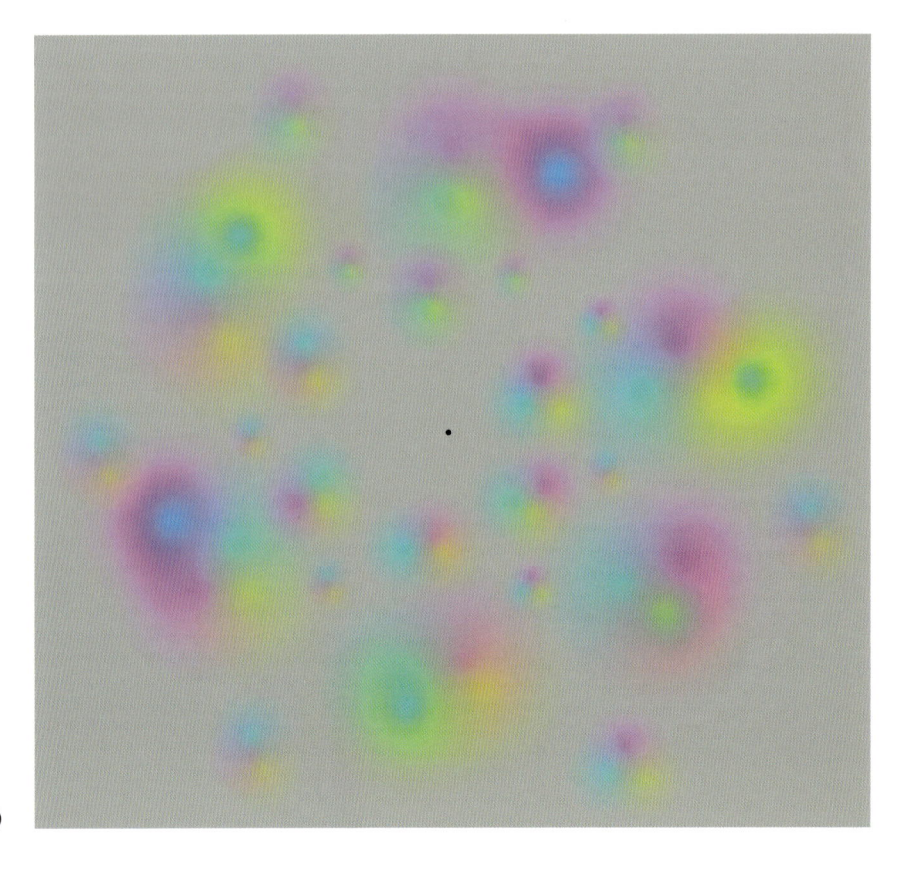

消える雲（R・オズボーン、2009年）

周辺視の幻影

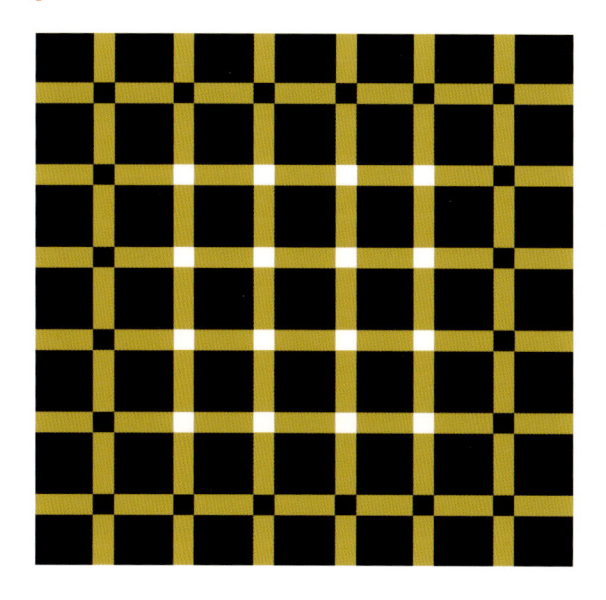

左の「ぼんやりとした青い幻影」という錯視の効果は、見た途端にわかる。準備は必要ない。この錯視はまともに注目する部分ではなく、周辺視野で起こる現象だ。小さな白い正方形が残像のように青味がかって見える。黒い正方形のせいで白い部分はさらに明るさを増しているように見える。あなたが注目している正方形自体に青い幻影が現れないのは、直接視線を向ければレセプターが正しく見分けるからだ。中心ではなく周辺視野にある周りの白い正方形に残像効果が生じる。

[上]
ぼんやりとした青い幻影（R・オズボーン、2010年）
あなたが直接見ていない白い部分に、淡い青色が現れるのに気づくだろうか？ 何がこの錯視を引き起こすのだろう？

[下]
川の流れを追って（R・オズボーン、2010年）
波の模様には、流れに沿って気まぐれに残像のような影が現れ、破片が浮いているように見える。

第6章 残り続ける像

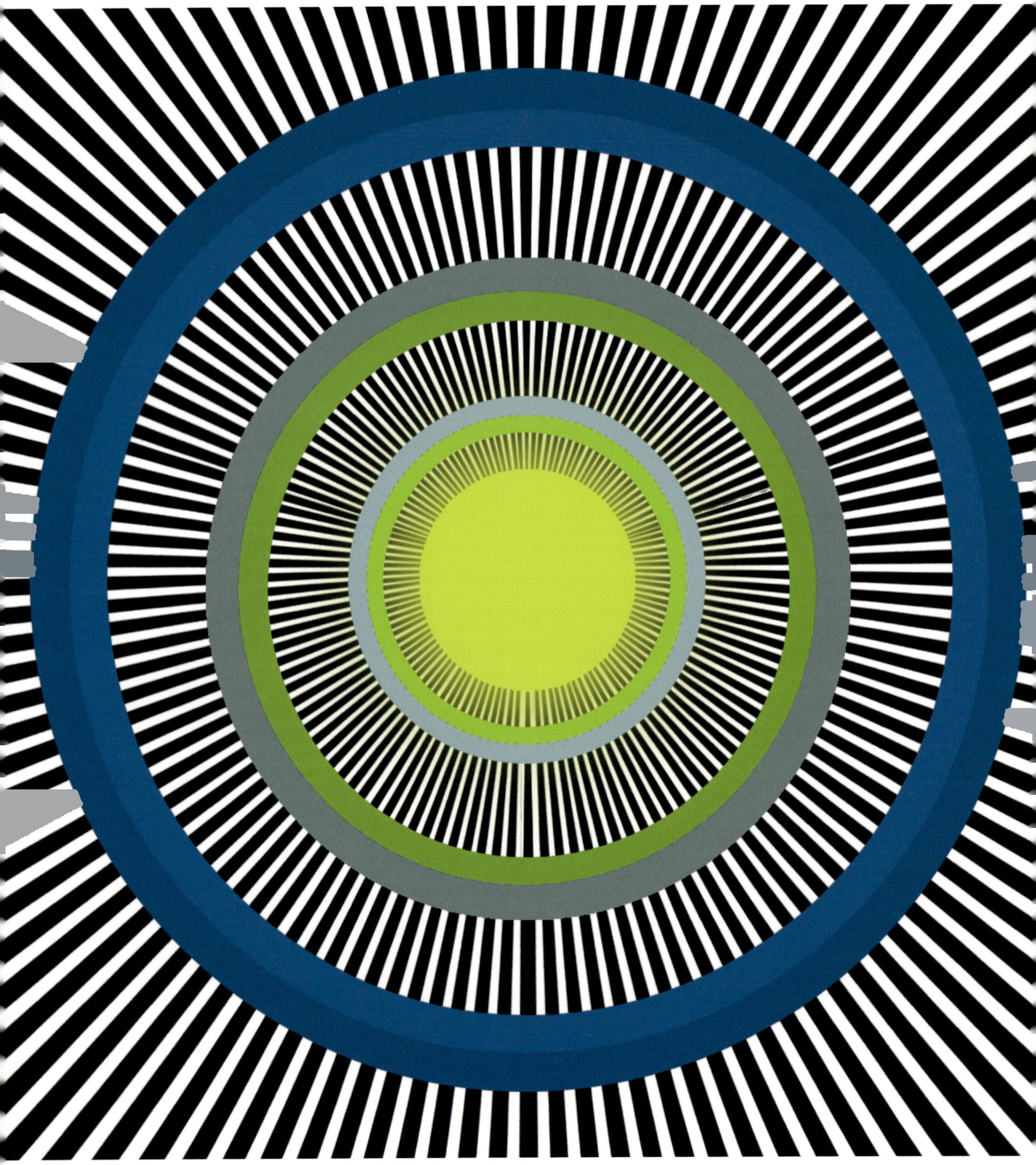

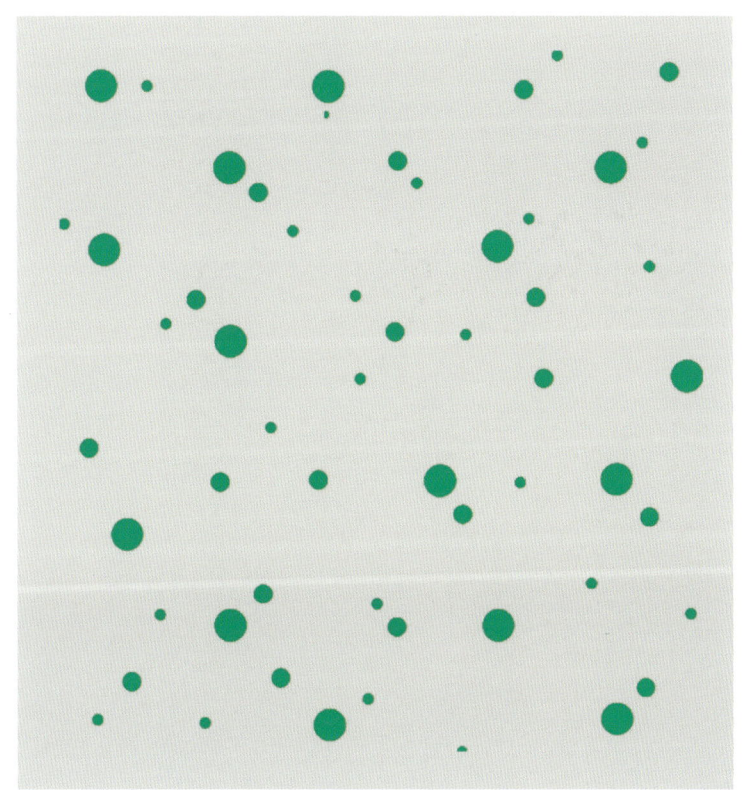

［上］
青いドット（R・オズボーン、2007年）
青いドットを1つ選んで3秒間じっと見つめた後、どの方向でもよいから視線をほんの少しずらしてみよう。残像効果で黄色いドットの同じ模様が浮かび上がる。残像が消えたら、別の青いドットでも試してみよう。黄色は青の補色だ。ここでも背景には中間色のグレーが用いられている。

［下］
残像のドットは何色？（R・オズボーン、2007年）
上の例と同じやり方でドットの残像が見えるが、今度は自分で試して、何色だか当ててみよう。97ページの補色の表を参考にしてもかまわない。答えは150ページ。

［左のページ］
粒子加速器（R・オズボーン、2008年）
鮮やかな色と強いコントラストによって生まれる残像の輝きによって、このデザインは生きているように見える。目をこのイメージ上で動かし続けると、影が円周運動をするのが見えるだろうか？ この残像は思考のスピードで動いている。

第6章 残り続ける像

残像で遊ぶ

[上]
電球の残像（R・オズボーン、2008年）
この白熱電球は、残像効果で輝き出す。フィラメント（中央の糸状の部分）を15秒から25秒ほど見つめた後、無地の紙など明るい色の面を見つめてみよう。白い電球と黒いフィラメント、さらにオレンジ色に近い真鍮の部分が浮かび上がるだろう。電球表面の反射光は黒く見える。

[中央]
星条旗（R・オズボーン、2007年）
緑・黒・オレンジ色で描かれたアメリカ合衆国の国旗。このままでは正しい色ではない。残像を見るためには、20秒間の入力が必要だ。

[下]
緑の鬼（作者不詳）
小鬼という存在が民衆文化の一部であった時代から伝わるイメージ。小鬼は邪悪なものというより、迷惑な存在と考えられた。色は緑とされるが、どうやってこの赤い鬼を緑色に変えたらいいだろう？

［上］
黄色いオウム（R・オズボーン、2007年）
見たところ、オウムは黄色くない。黄色いオウムを見るためには、30秒の凝視が必要だ。

［下］
なじめないカボチャ（R・オズボーン、2003年）
読者がどうかはわからないが、私個人はこの地球上でこんなカボチャを見たことがない。この怖い目つきの顔を15秒ほど見つめてから、本物のカボチャの色を見てみよう。

第6章 残り続ける像

残像カラーのクイズ（R・オズボーン、2009年）
２色ずつ並んだ色の残像が何色かを当ててみよう。まず色の着いた円の間にある＋の印を10秒ほど見つめ、右側の＋印に目を移そう。答えは150ページ。

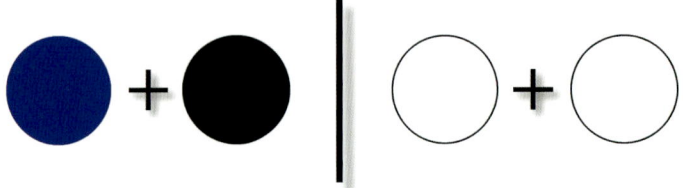

この人物は誰？

[上]
「私には夢がある」（R・オズボーン、2009年）
有名なアメリカ人の肖像だが、誰だかわかるだろうか。15秒間見つめて、残像を浮かび上がらせてみよう。答えは150ページ。

[中央]
イタリアの航海士（R・オズボーン、2007年）
1492年に、この人物は大海原を渡った。15秒間見つめて、残像を見てみよう。答えは150ページ。

[下]
「さよなら、ノーマ・ジーン」（R・オズボーン、2010年）
この肖像は往年の映画スターのもの。「あなたのロウソクの炎は燃え尽きた。あなたの伝説が燃え尽きるよりずっと前に」という、エルトン・ジョンの歌で有名。誰だかわかるだろうか？答えは150ページ。

第6章 残り続ける像　107

歴史上の有名人物 1
残像を見て、このうち何人がわかるだろうか？ まず15秒ほど見つめて残像を浮かび上がらせてみよう。答えは150ページ。

歴史上の有名人物2
残像を見て、このうち何人がわかるだろうか？　まず15秒ほど見つめて残像を浮かび上がらせてみよう。答えは150ページ。

第6章　残り続ける像

歴史上の有名人物3
残像を見て、このうち何人がわかるだろうか？ まず15秒ほど見つめて残像を浮かび上がらせてみよう。答えは150ページ。

歴史上の有名人物4
残像を見て、このうち何人がわかるだろうか？ まず15秒ほど見つめて残像を浮かび上がらせてみよう。答えは150ページ。

第6章 残り続ける像

第7章 自然界の錯視
Nature's Illusions

「偽装する」という意味のフランス語 camoufler はもともとパリを中心に使われていたが、第一次世界大戦中に「カムフラージュ」という形で一般に知られるようになった。人工的な手段で偽装すること、あるいは周囲に溶け込んで身を隠すことを意味する。

"カ"ムフラージュ"という語は、第一次世界大戦中のフランスで軍事作戦を展開する際に、敵の目を欺く偽装という意味で使われるようになった。現代の軍服には、どんな場所にいても兵隊の姿が周囲に溶け込むように、さまざまな色の迷彩模様が描かれている。迷彩服は作戦を実践する土地に合った色をいくつか使用しているので、周囲に溶け込んで身を隠せる可能性はかなり高い。敵からはかなり見にくく、輪郭・境界・材質・大きさなどを把握するのは難しい。

迷彩模様（R・オズボーン、2008年）
現代の軍隊では、多様な土地環境に合わせてカムフラージュを工夫する。

[左のページ]
ゼブラコード（作者不詳）
バーコードを背景とすることで、シマウマの縞が目立たなくなり、輪郭がつかみにくくなる。

第7章 自然界の錯視 113

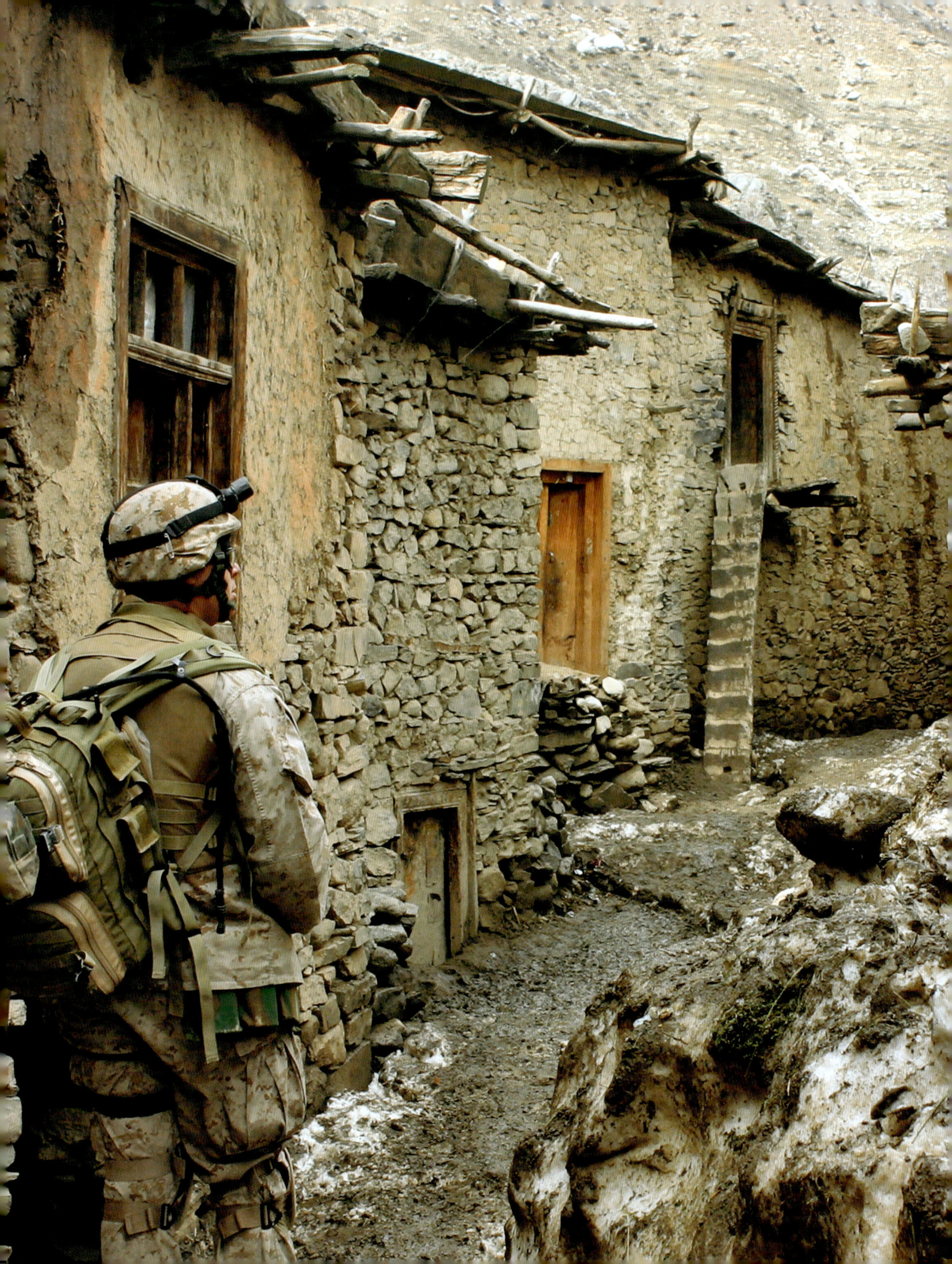

目くらまし迷彩

　海軍で「ダズル迷彩」と呼ばれる艦船の塗装法は、姿を隠すのではなく、敵の目を混乱させるためのカムフラージュとして用いられた。第一次世界大戦中、英米海軍などの軍艦に、コントラストの強い色彩で大胆な不規則模様の塗装が施された。ダズル迷彩の軍艦の進む方向や速度を遠くから判断するのは困難で、接近しているのか遠ざかっているのかさえ見分けにくかったという。敵が狙いをつけるためにぐずぐず時間をかけている間に、射程圏外に逃げることができた。レーダーが発達し、敵を欺く効果が期待できなくなった第二次世界大戦では、この塗装法はあまり用いられなくなった。

[左のページ]
アフガニスタンの米国海兵隊員
警備中のこの海兵隊員が身に着けているは、標準装備の野戦服。

[上]
ダズル迷彩の米国艦オリサバ、1918年

[下]
米国艦チャールズ・S・スペリー
1944年、自由の女神の近くを通過するこの駆逐艦には、立体的に見えるダズル塗装が施されていた。

第7章　自然界の錯視

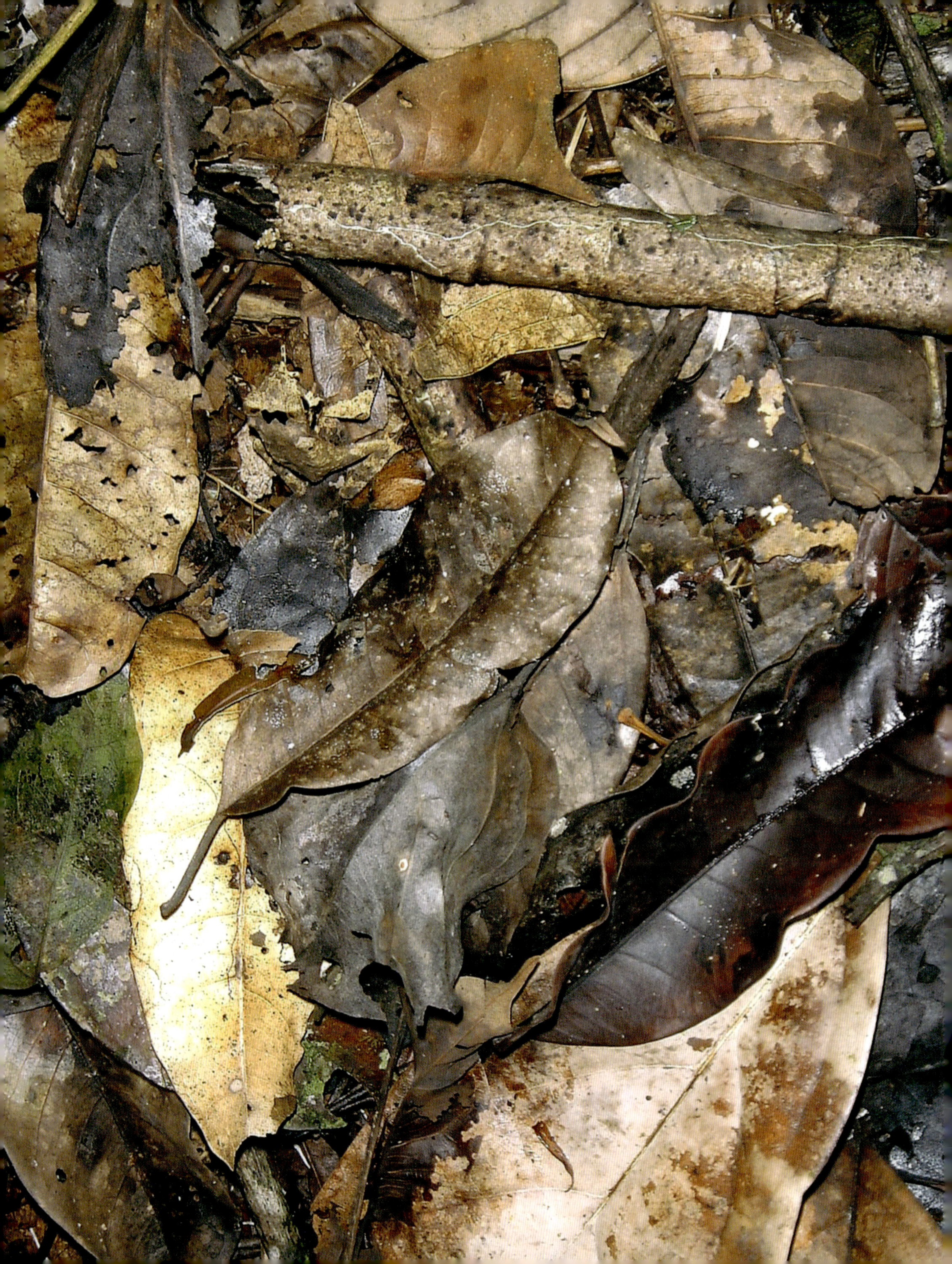

自然の色に溶け込む

　動物界では、警告・目くらまし・偽装・擬態あるいは単なる虚勢のために、多様な種が適応色というものを進化させてきた。たとえばオーストラリアの森に生息するガマグチヨタカという鳥は、下の写真のように巣でじっとして、目まで閉じていると完全に木の一部にしか見えない。他の捕食動物が、どこからが木の枝でどこまでが鳥なのかを見分けるのは難しい。

　擬態は種が自然環境に溶け込む方法として、常に進化している。種が自ら個別に擬態に関わる選択をするわけではない。進化のプロセスは、長い時間をかけてゆっくりとしか進まない。最も有利な肉体的特徴を備えたものが長生きをして、同じような色や模様をもった子孫を残していく。左の写真をよく見て、コノハガエルを探してみよう。枯葉に紛れ込んだ小さなカエルがわかるだろうか。見つからない？　では上にある太い枝を左にたどって、折れた先端の少し下を見てみよう。黄土色の小さなカエルが体を起こし、三角形の顔を枝の先端に向けているのがわかると思う。背景に溶け込んで身を隠さなければ食べられてしまうような環境に、このカエルは生きている。

　自然界では、遺伝子の突然変異ということが時折起こる。良い変異もあれば、悪い変異もある。あるとき、たまたま他のカエルより少しだけ木の葉に似たカエルが生まれる。これは良い変異だろう。木の葉に似たこの変種は他のカエルより枯葉に紛れ込むのがうまく、生き延びて子孫を残しやすい。枯葉に似たカエルはさらに枯葉らしい子を残し、やがては木の葉と見分けがつかないようなカエルたちがこの種の他のメンバーにとって代わる。生命そのものの誕生以来ずっと繰り返されてきたこのプロセスは、自然選択と呼ばれている。そこでは気の遠くなるような時間をかけて、多くの小さな変異を成功させたものが有利

ガマグチヨタカ
オーストラリアの雨林に生息するこの鳥はじっと動かずにいると、自分の暮らす環境に完全に溶け込んでしまう。

[左のページ]
コノハガエル
カエルが1匹、森の枯葉の中に紛れ込んでいる。小さな生き物がどこに隠れているかわかるだろうか。

第7章　自然界の錯視　**117**

になる。母なる自然は、種を生き延びさせるこのような変異を重んじる。木の葉によく似たカエルは、捕食動物の餌食になりにくいから、他のカエルよりも母なる自然に大切に育まれるのだ。

シマウマにはどうして縞が？（R・オズボーン、2007年）
自分が空腹なライオンだと想像してみよう。生まれつき色はあまり識別できず、おおむね白黒でものを見ている。シマウマの群れに忍び寄っているところだが、縞模様が背の高い草に紛れて獲物の輪郭がはっきりしない。シマウマの体とそうでない所の見分けがつきにくい。辛抱強く、じっと観察するしかない。狙いをつけた獲物が気づかないように気をつけて……。

狙うものと狙われるもの、視力の違い

捕食動物の視力は獲物になる動物よりも良いことが多い。獲物を探すには、巧みなカムフラージュを見破る鋭敏な視力が欠かせないからだ。私たちの脳がその能力の半分近くを視覚にさいていることも、人間が食物連鎖の最上位にいるという事実によって容易に説明できる。だが私たちの目もワシの目にはかなわない。ワシは糧を得るために、空高くから小動物を見分ける能力に頼るほかない。小動物たちが巧みな擬態を編み出すたびに、それを見抜く視力が必要になる——こうして追うものと追われるものの果てしない競争が繰り広げられていく。

[上]
オオアマガエル
この石に同化したようなカエルを周囲から識別するのは難しい。もし環境があまり急激に変化した場合、カエルは適応する時間がなく、絶滅の危機に瀕することになる。

[中央]
カレハカマキリ
マダガスカルのこのカマキリは死んで枯葉のようになっているのではなく、生きている間ずっと枯葉の役を演じている。

[下]
サンゴヘビとミルクヘビ
この2匹のヘビのうち、一方は猛毒をもち、他方は無害である。どちらが毒蛇だろうか？ 両方とも避けるしかなさそうだが、それこそが右の無害なミルクヘビの狙いだ。猛毒をもつサンゴヘビを模倣することで自分の身を守っている。

第7章 自然界の錯視 119

［上］
コウイカ
「海のカメレオン」ともいわれるコウイカは、見事に体の色を変化させる。敵を避けるために岩肌そっくりの色を選んでいる。

［中央］
ヒメハナグモ
この黄色いクモは、黄色の色素を含む液を分泌して体の色を変えることができる。何も知らずに蜜を吸いに来たアブはひとたまりもない。

［左下］
イスラエルの小麦畑
小麦が先行する種で、ライ麦がこれを模倣したと考えられる。

［右下］
ライ麦
ライ麦は小麦を擬態するように進化してきた。

　擬態は動物界だけに見られる現象ではない。ある種の植物は他の種を模倣することで、捕食動物を遠ざけたり、繁殖を盛んにしたりする。各地で見られるライ麦は、実は植物における擬態の実例である。

平家ガニ

どんな種も自分の仲間なら識別できる。人間も例外ではない。私たちは生まれてすぐに、人の顔かたちを認識し始める。ただし顔の表情となると話は別で、人は一生を通じてこれと格闘することになる。

甲殻類の一つの種に関わる興味深い話を紹介しよう。それは「平家ガニ」と呼ばれ、日本の海域に生息している。甲羅には武士の顔を思わせる模様がある。平家の怨霊を連想させるその模様が残ったのは、人為的な選択の結果ではないかと、多くの人が考えている。その説によると、日本の漁師たちはそのようなカニを食べる気にはなれず、海に戻すのが長年の習慣になっていたという。武士の顔に似ているほど、生きたまま海に戻される確率が高まる。こうして日本の漁師たちが、最も武士らしいカニが生き残るような「選択」をしたというのだ。興味をそそるし、理にかなっているように聞こえるが、この説には生物学的な確証が欠けているという批判もある。真実かどうかはともかく、話としては実によくできていて面白い。

平家ガニの描かれた「平知盛亡霊の図」（歌川国芳、1830年頃）
日本近海に生息する平家ガニの甲には、武士のしかめ面のような隆起模様がある。これは人為選択の実例だろうか。

第7章　自然界の錯視　121

大気層ごしに見える夕日
この夕日は上位蜃気楼の実例で、2つの異なる大気層があることがわかる。この視点からは太陽が2つに分かれて見えるが、一方は通常の夕日でもう一方は幻影である。

蜃気楼

　蜃気楼は大気層の気温差に応じた光線の屈折によって起こる。大気はいくつもの層が重なってできている。各層に気温と密度の違いがあると、層の境界に蜃気楼が見えることがある。層の境界面がゆらめく鏡のような役割を果たし、空や遠くにあるものを映し出すのだ。

　人が眺める視線より上にある層の気温が下の層に比べて高いとき、水平線（地平線）の上に何かの幻影が見える可能性が生じる。1906年に北極探検で名高いロバート・E・ピアリーが、極地を探検中に蜃気楼を目撃したという逸話は有名だ。ピアリーは自分が新大陸を発見したと思い込んだが、実際には水平線の上に遠くの陸地が浮かんで見える「上位蜃気楼」という現象だったようである。ピアリーが資金を提供してくれた銀行家の名をとって新大陸を「クロッカーランド」と名づけようとしたのは、この土地の探検と開拓のためのさらなる資金援助をあてにしてのことだった。残念ながら「幻」に終わったが……。

砂漠でよく蜃気楼が見られるのは、乾燥した砂の大地では、地表の熱い空気層とその上の濃密な冷たい空気層の差が際立っているからだ。低温の層は上方のさらに重い空気によって圧縮され、地表の層との差が大きくなり、地表面での蜃気楼につながりやすい。この場合、大気の鏡面は地表付近に形成され、上からの光を反射して「下位蜃気楼」という現象が発生する。あなたが低い位置から眺めれば、どこか遠く離れたところに青くきらめく湖面が見えるかもしれない。実は空が映っているだけなのだが、似たような幻影は暑い日に砂地をドライブしているとよく見られる。前方に延びた道路の先が沈みこみ、大気の鏡面がまるで彼方に輝く水面のように見える。

砂漠の蜃気楼
エジプトの砂漠を歩いていて、遠くに見える湖が実は蜃気楼だとわかったら、さぞがっかりすることだろう。

第7章　自然界の錯視

岩肌の造形美

自然の地形や岩肌による豊かな造形美は想像力を刺激する。探検家や開拓者はこの国土を旅しながら、親しみの感じられる姿を数多く見出してきた。私のお気に入りの錯視風景をいくつか紹介しよう。

ピクトグラフケーブ州立公園の断崖、モンタナ州

[右のページ・上]
イーグルロック
グランドキャニオン西端のイーグルポイントと呼ばれる地点から見ると、舞い上がるワシの姿が見られる。

[右のページ・下]
ナバホ族の保留地にあるシップロック山、ニューメキシコ州
大型帆船を思わせる。

第7章　自然界の錯視

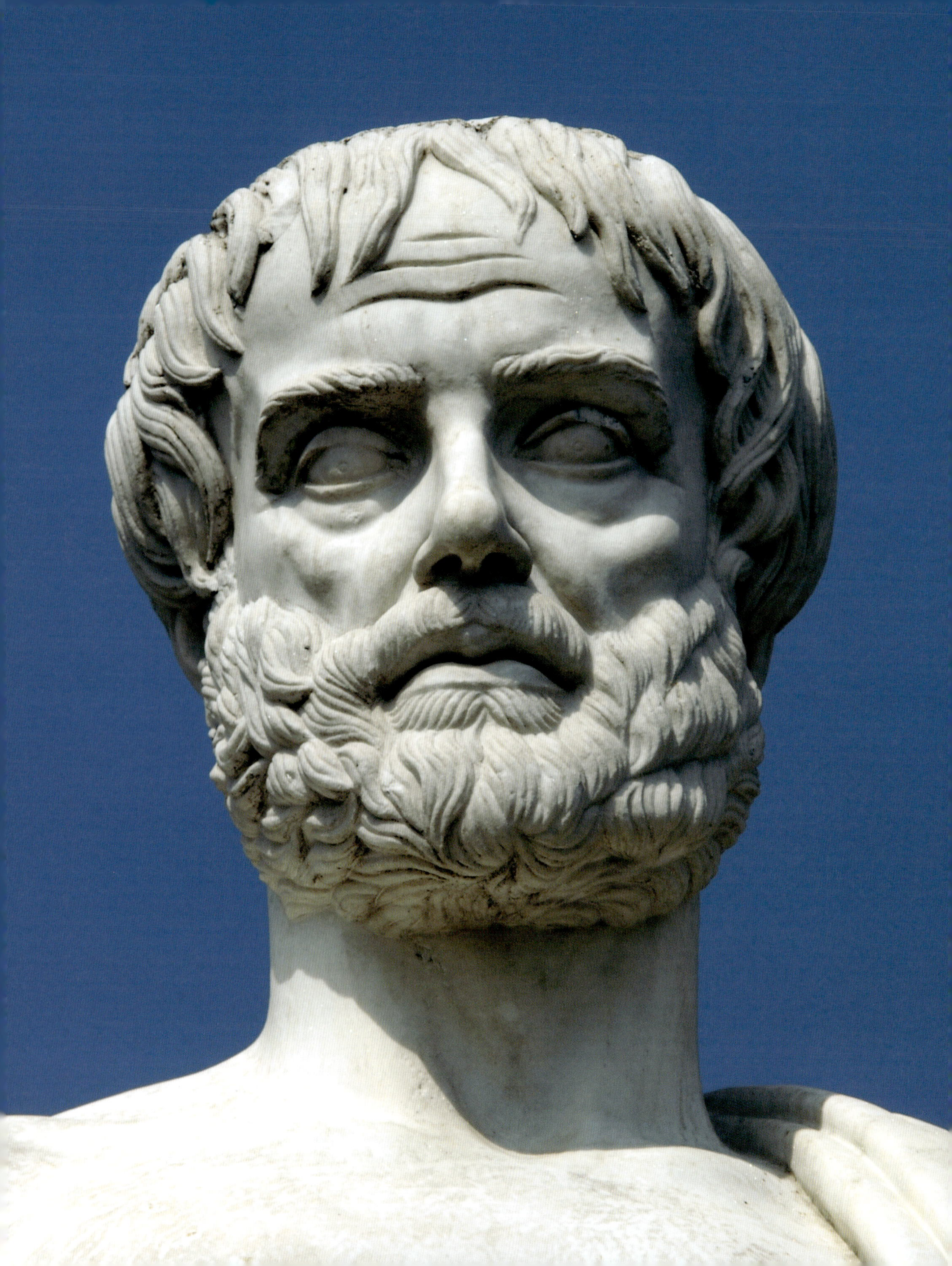

第8章 指を使った錯視
Fingertip Illusions

> でもそのポケットの中には何が入ってるんだ、ええ？
> ひもではない……、でも何もないわけじゃない。
> ——J・R・R・トールキン『ホビットの冒険』

　この本で紹介している錯視の多くは、仲間とともに簡単に試してみることができる。でも仲間同士で楽しむのに、特に適した面白い錯覚の例がいくつかある。ここに挙げた「指を使う錯視」は私が気に入っているもので、何の用意もなしにどこでも人に紹介できる。折り畳み式の小道具など必要ないし、照明や図も要らない。文字通り種も仕掛けもなしに、紹介できるものばかりだ。

アリストテレスの鼻

　倫理学・政治学・自然学・数学・論理学・詩学などについての広範な著作活動の合間に、古代ギリシアの哲学者アリストテレスは、暇を見つけては自分の鼻をいじっていたらしい。ここで紹介する実験に必要なのは、自分の鼻と2本の指だけだ。

　まず目を閉じて、リラックスする。人差し指と中指を自分の鼻筋に当てて、そっと上下に動かしてみる。そのとき自分の鼻がどんなふうに感じるかを確認できればよい。顔はまっすぐにして、鼻を掻かないように！　さて今度は人差し指と中指を交叉させて目を閉じ、そのまま指先を鼻筋に当てて動かしてみよう。おや？　何か奇妙な感じだ。まるで別人の鼻に触っているようだ。

[左のページ]
ギリシアのスタゲイラにある、古代ギリシアの哲人アリストテレスの彫像。

［左］
人差し指と中指を交叉する。

［右］
交叉した指で鼻に触れてみる。
（R・オズボーン、2009年）

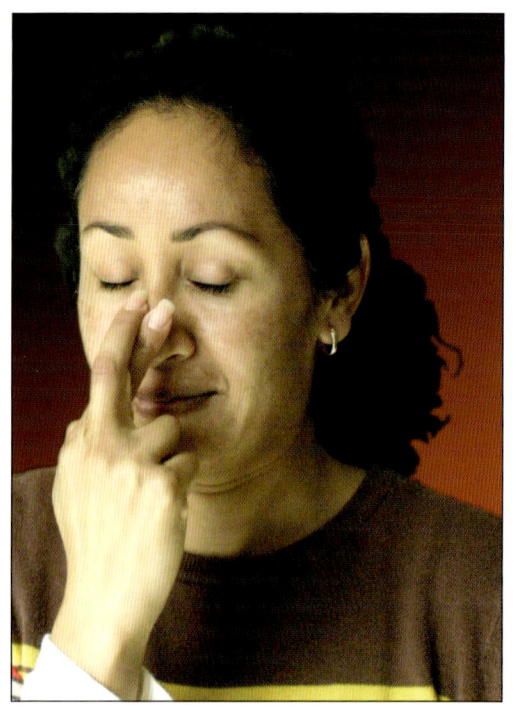

交叉した指の感覚

2本の指で普通に鼻に触れた場合は、脳は指先の発するメッセージを予想通りの場所から受け取る。人差し指は親指の隣にあり、中指は薬指の側にある。ところが指を交叉した場合、脳は同じメッセージが間違った指から来ていると思い込む。指の位置が入れ替わったのだが、脳はそのことをすぐには把握できない。

　アリストテレスが顔をまっすぐにして2本の指先でその詩的な長い鼻をいじっている場面を、私たちは想像するしかない。いずれにせよ、たとえ指をずっと交叉させたままにしておいたとしても、その奇妙な感覚は長くは続かない。ある時点で脳が気づいて、錯覚は解消される。

指の間に浮くソーセージ

　弁当の定番メニューみたいな呼び方をされることが多いが、これは一つ目の巨人キュクロープスのイメージを思わせる有名な錯視現象である。この実験に

必要なものはあなたの両眼と2本の人差し指だけ。まず手の届く範囲より少し離れたところに、焦点を合わせるための対象を一つ選ぼう。そのターゲットの方を向いて両腕を前に差し出し、人差し指の先を互いに向き合わせる。指先は触れ合わずに一直線に並べる。ここで目の焦点を指からその向こうのターゲットに移すが、前景として指も意識しておく。多少ぼやけたとしても指はしっかり見えるはずだ。離れたところに焦点を合わせたまま指の位置を調整すると、下の図のようなイメージが現れる。

[上]
時計の手前で指先を向き合わせる。

[下]
宙に浮く"ソーセージ"の錯視
（R・オズボーン、2009年）

指が分離して見えるわけ

指を見つめているあなたの目はまっすぐ前を向いているわけではなく、実際にはやや内向きに傾いている。つまりあなたの視線は一つの狭いスポットに収束していく。遠くにあるものに焦点が移ると、視線は外側に広がるようにしてほぼ平行になる。指先は視線に対してそれぞれ異なる位置を占め、像は互いに重なるように見える。脳は両眼のとらえた像を一つの像にまとめられず、互いに競い合わせてしまう。一方の目では指は続いているのに、もう一方の目では指がそこで終わり背景が始まっている。指の先端と背景のコントラストの方が強いので、部分的に指のつながりの映像が負けて指が断絶して見える。切れ目の映像は2カ所に見えるので、ソーセージのようなイメージが浮かんで見える。

第8章　指を使った錯視　129

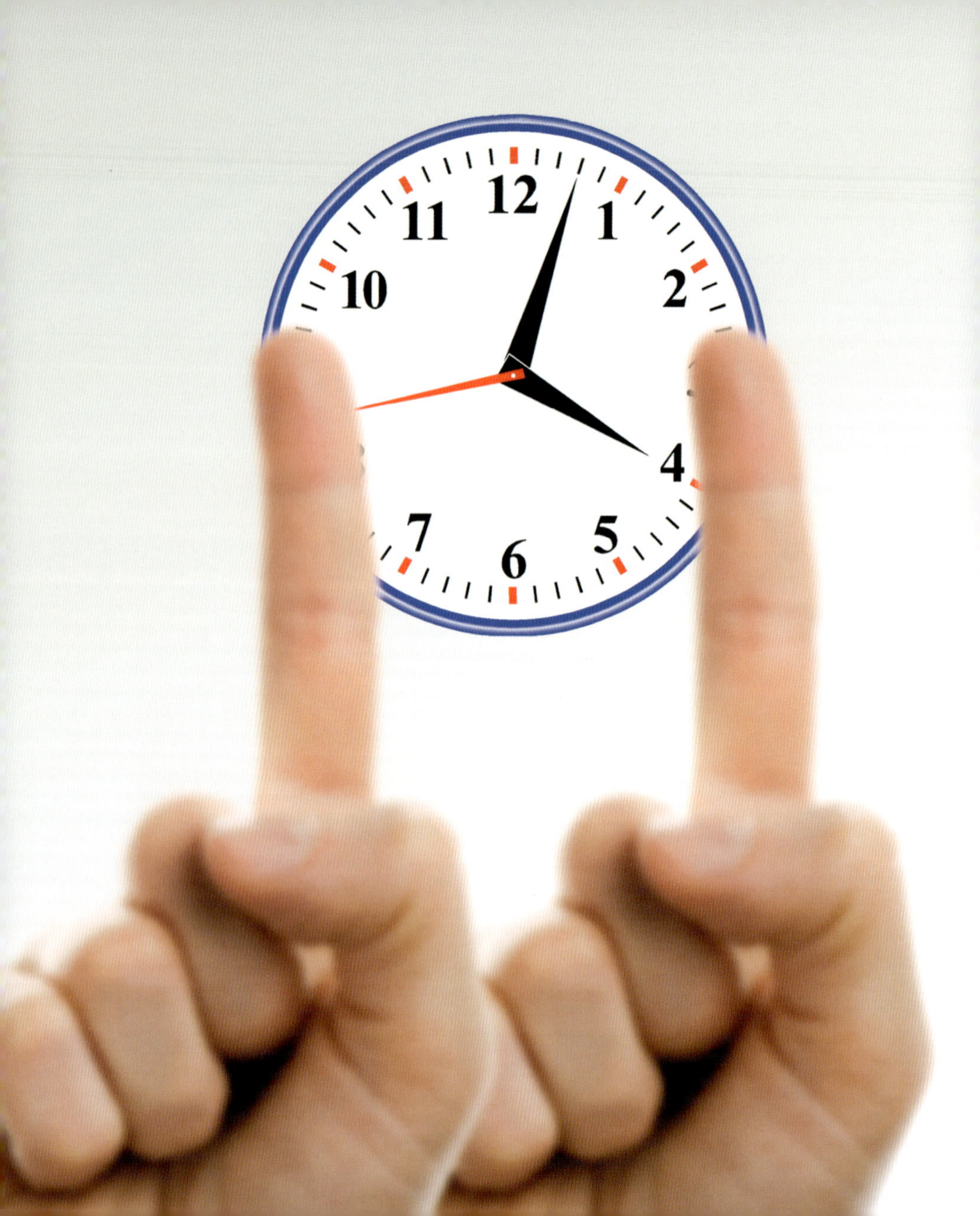
12
1
2
4
5
6
7
10
11

指が二重に見える錯視

あくまでも見かけの話だが、あなたが必要とするなら、錯視によって指をもう1本追加できる。実に簡単で、必要なものは1本の指と2つの目だけ。まず身近な壁の適当な場所を見つめて、自分と壁の間に指を立ててみよう。指に焦点を合わせている間は1本しか見えないが、その向こうの壁に焦点を合わせると、指が2本に見える。

2本に見えるわけ

指に注目しているとき、視線はかなり内側を向き、小さな点に向かっている。指を越えて壁を見ると、目の向かう先は広がる。指は両眼の視線に応じて2つの位置を占めることになるので、脳はそれぞれの目がとらえた指を2本の指の像としてとらえる。

[左のページ]
2本の指の錯視（R・オズボーン、2009年）

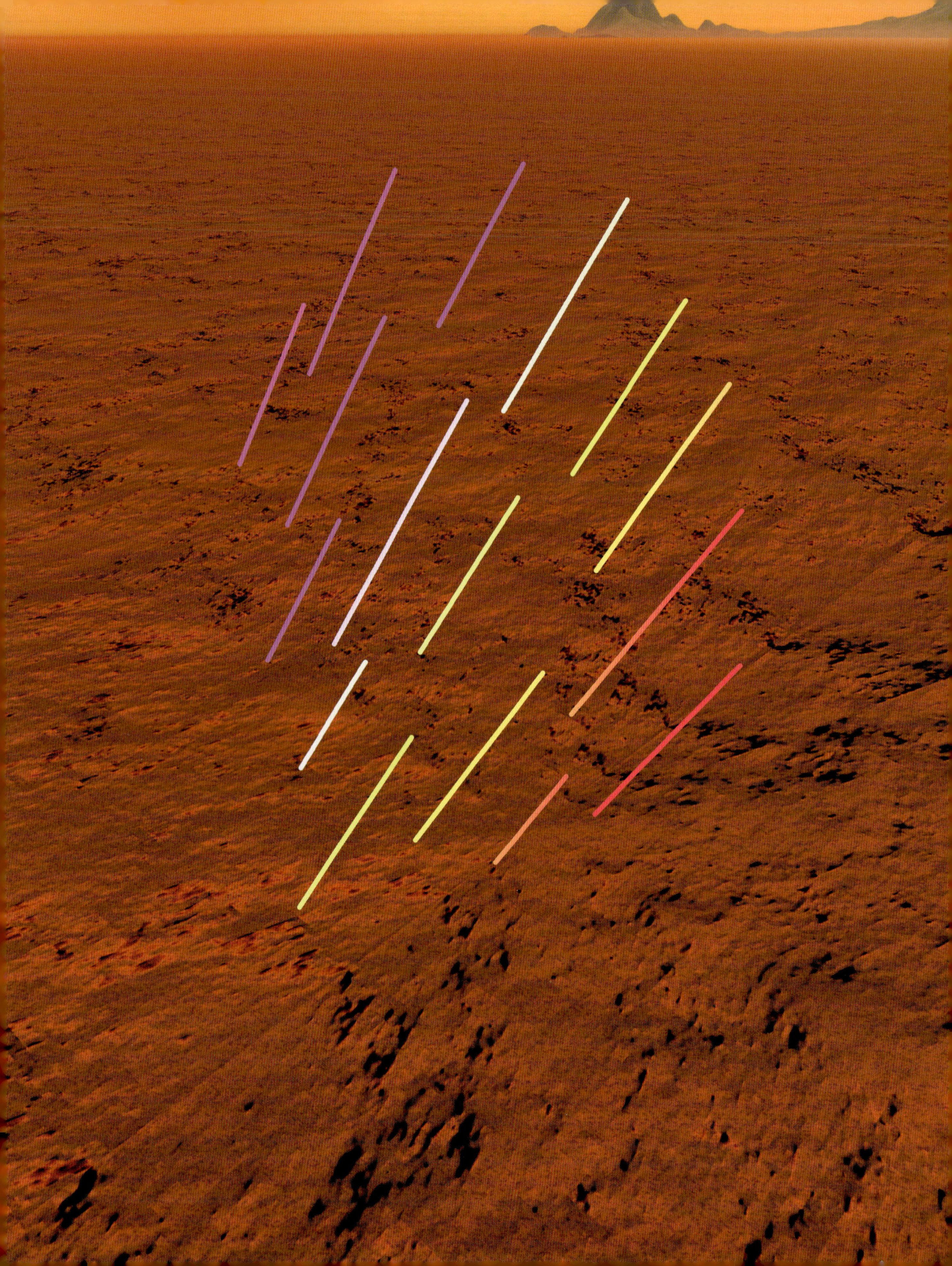

第9章 隠れたものを見る

Hidden in Plain Sight

自然界のあらゆるものの内に、自然の力のすべてが含まれている。
すべては隠れたものでできている。

——ラルフ・ウォルドー・エマーソン

　アナモルフォーズという言葉は、錯視関連の文脈では、視覚的に歪んだ画像やその画法を意味する。137ページに示した例は、よく見られるアナモルフォーズのパズルである。文が書かれているのだが、文字が極端に引き伸ばされており、普通の見方ではバーコードのようにしか見えない。書かれた文字を読み取るためには、本を目の高さ付近でほとんど水平な状態にし、ページの手前の方から印刷面を見る必要がある。適切な角度で見ると、文字が縮んで通常の形に見える。

　このような見方はある種のアナモルフォーズの解決策であるが、すべてが同じタイプというわけではない。隠れていた面やメッセージが姿を現わす場合もあれば、イメージ全体が別の何かに変化することもあり得る。歪みを使った錯視の楽しみの一つは、隠れたものやメッセージが姿を現わすような見方を自分で発見することだ。目の前の絵を回転したり、めくったり、傾けたりして見つけることが多いが、中には回り道ともいうべき特別な方策が必要な錯視例もある。

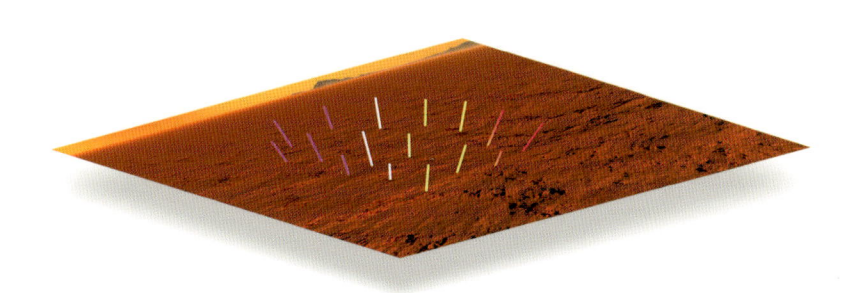

[左のページ]
赤い惑星（R・オズボーン、2008年）
本を反時計回りに45度ほど回して、視線とページが平行に近くなる位置まで持ち上げる。左下の隅の方から見つめてみると、色のついたいくつもの線が立ち上がって見える。

指示通りに見た様子

発明家であり、画家であり、武器の設計者でもあったレオナルド・ダ・ヴィンチが、スパイ行為を気にかけていたことはよく知られている。彼は自分のアイデアやノートを秘密にしておくために、かなり極端な策を実践している。のぞき見対策として、鏡を使わないと読めないような奇妙な書き方を、その膨大な手稿に採用したのだ。秘密を隠すための工夫といえるが、実はレオナルドは斜面投影というアナモルフォーズの実例も描いている。

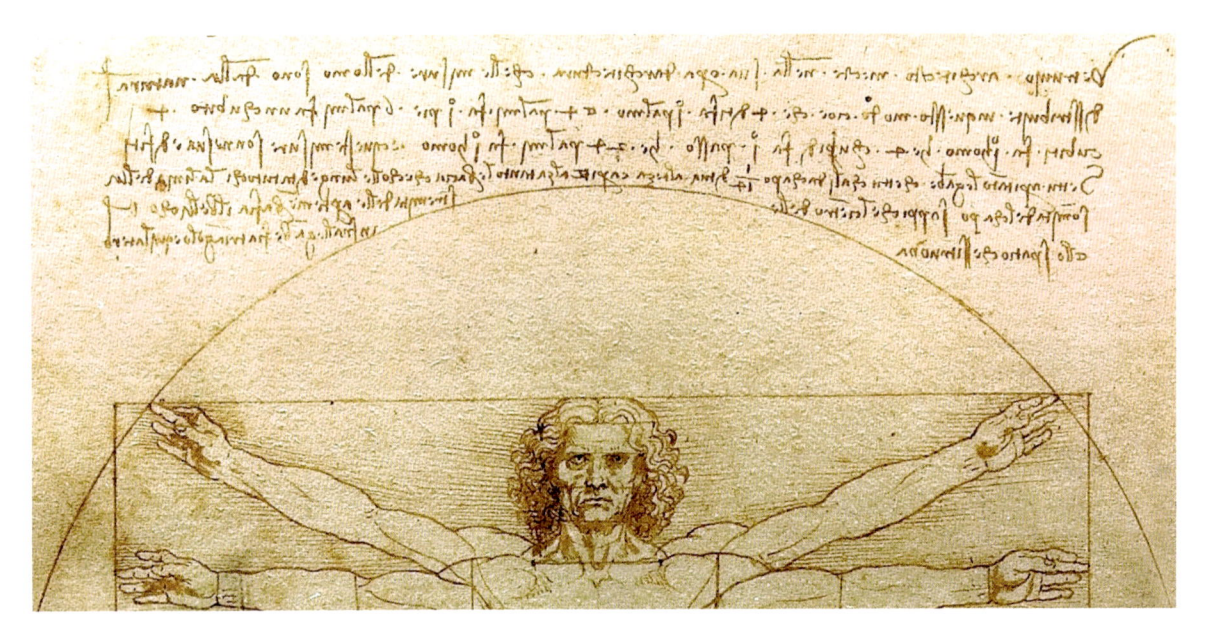

[上]
ダ・ヴィンチの鏡文字
レオナルドの手稿は、右から左へ鏡文字で書かれている。

[下]
レオナルド・ダ・ヴィンチの自画像（1510〜1515年頃）

[右のページ]
聖堂のだまし絵（アンドレア・ポッツォ、1690年頃）
ローマの聖イグナツィオ教会の天井画。実際の天井は印象より平たく、写真上部のドームも描かれたもの。

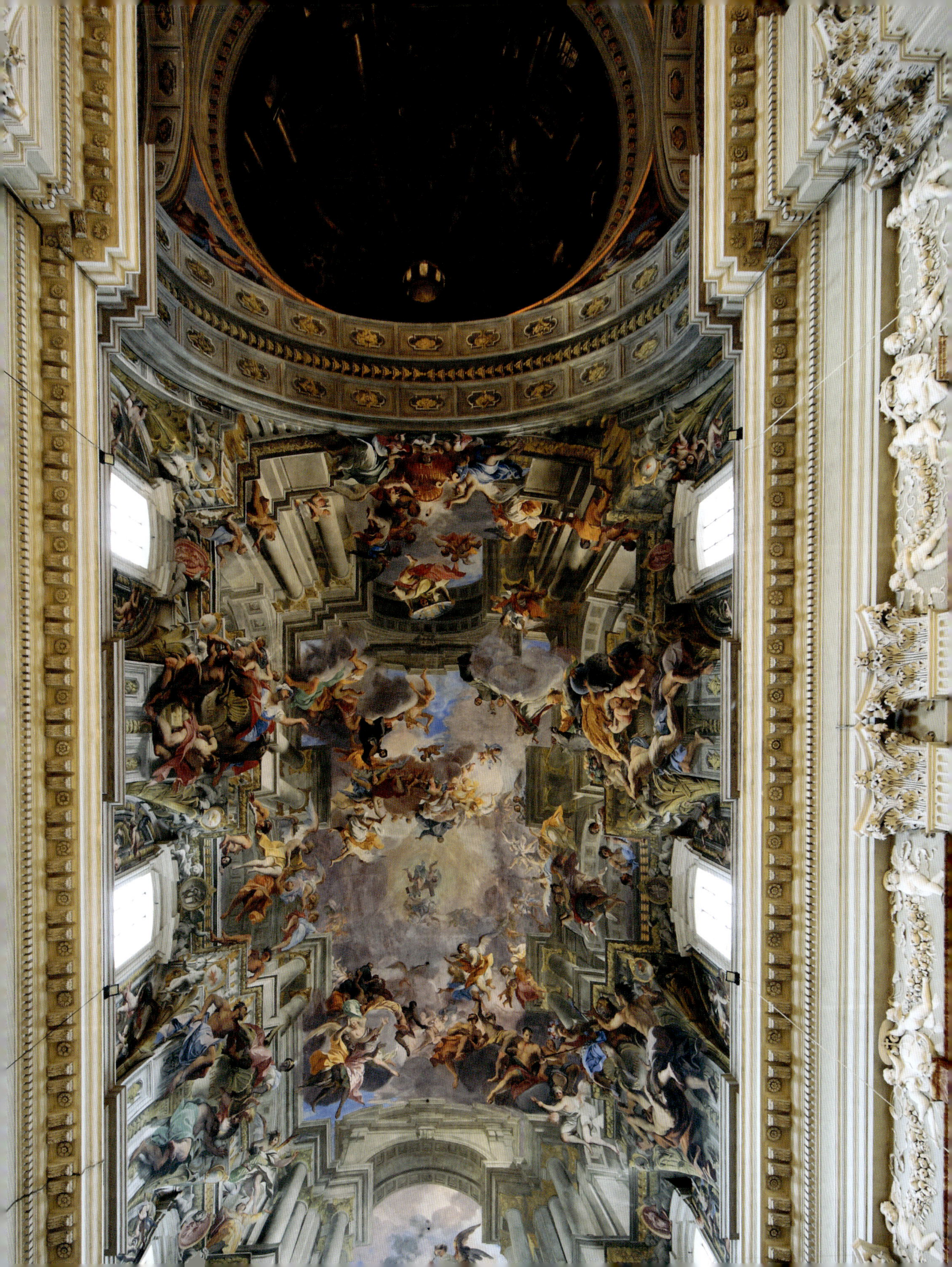

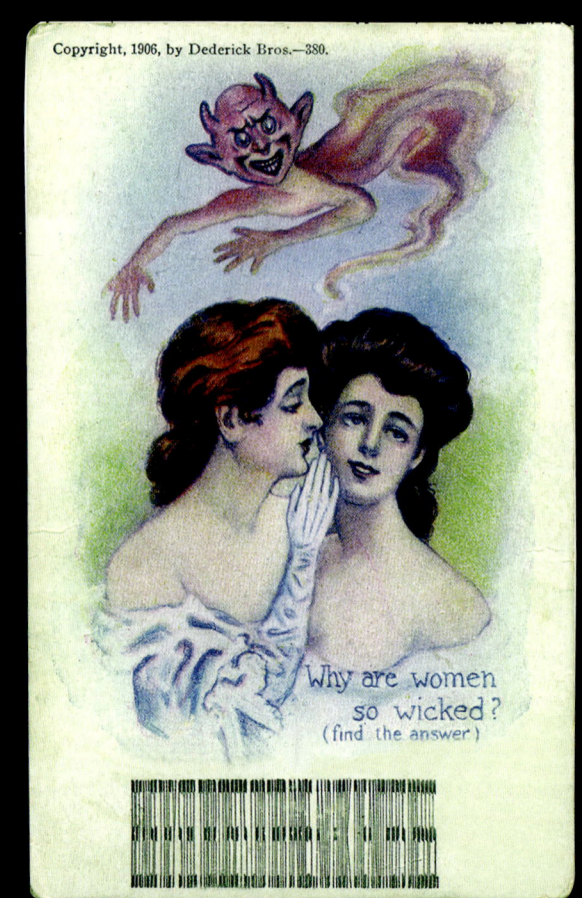

［上］
アナモルフォーズを使ったメッセージカード（R・オズボーン、2007年）
本を持ち上げて、紙面に近い位置から低い角度でハート形に書かれた英語を読んでみよう。答えは150ページ。

［下］
女性たちが悪い理由は？（1906年頃の絵葉書）
同じように、ページの手前の低い位置から見てみよう。答えは150ページ。

[上]
アナモルフォーズのメッセージ（R・オズボーン、2008年）
普通の見方ではこの文は読み取れない。適切な角度を探して、じっと見つめればわかるはず。答えは150ページ。

[下]
アナモルフォーズのクイズ（R・オズボーン、2009年）
本を手にとって、ページの右側から見てみよう。ここに書かれているのは英語の回文で、前から読んでも、後ろから読んでもまったく同じ文になっている。答えは150ページ。

第9章　隠れたものを見る　137

鏡を用いた古典的なアナモルフォーズ（作者不詳）
中央に円筒形の鏡を置くと、歪んだ絵が通常のイメージとして映し出される。この種のだまし絵が人気を集めた19世紀初頭に、広く知られていた古典的作品。

[右のページ・上]
「クジラを救おう」（トニー・アゼベド、1999年）
円筒形の鏡を正しい位置に置けば、ひどく歪んだ像も整った明確なイメージとして映し出される。

[右のページ・下]
円筒鏡に映った歪んだ図形（ルイゾ／ウィキメディア、2008年）
曲面の鏡による幾何学模様の変化がよくわかる。

第9章　隠れたものを見る

逆さ絵

　逆さ絵は、逆さまから見ると通常の見方とは別の像が表現されている作品である。少なくとも2つの見方ができるという意味では多義的あり、2つの異なる像を見るには上下をひっくり返した視点が必要だという点ではアナモルフォーズにも似ている。だから逆さ絵はアナモルフィックな多義的イメージだということも可能だ。

　私が気に入っている逆さ絵をいくつか紹介しよう。

野菜を育てる人（ジュゼッペ・アルチンボルド、1562年頃）
レオナルド・ダ・ヴィンチの弟子ともいわれ、後に宮廷画家になったアルチンボルドは、逆さ絵の先駆者でもある。

[右のページ]
日本の逆さ絵（作者不詳）
さまざまな逆さ絵を表現した古い版画。

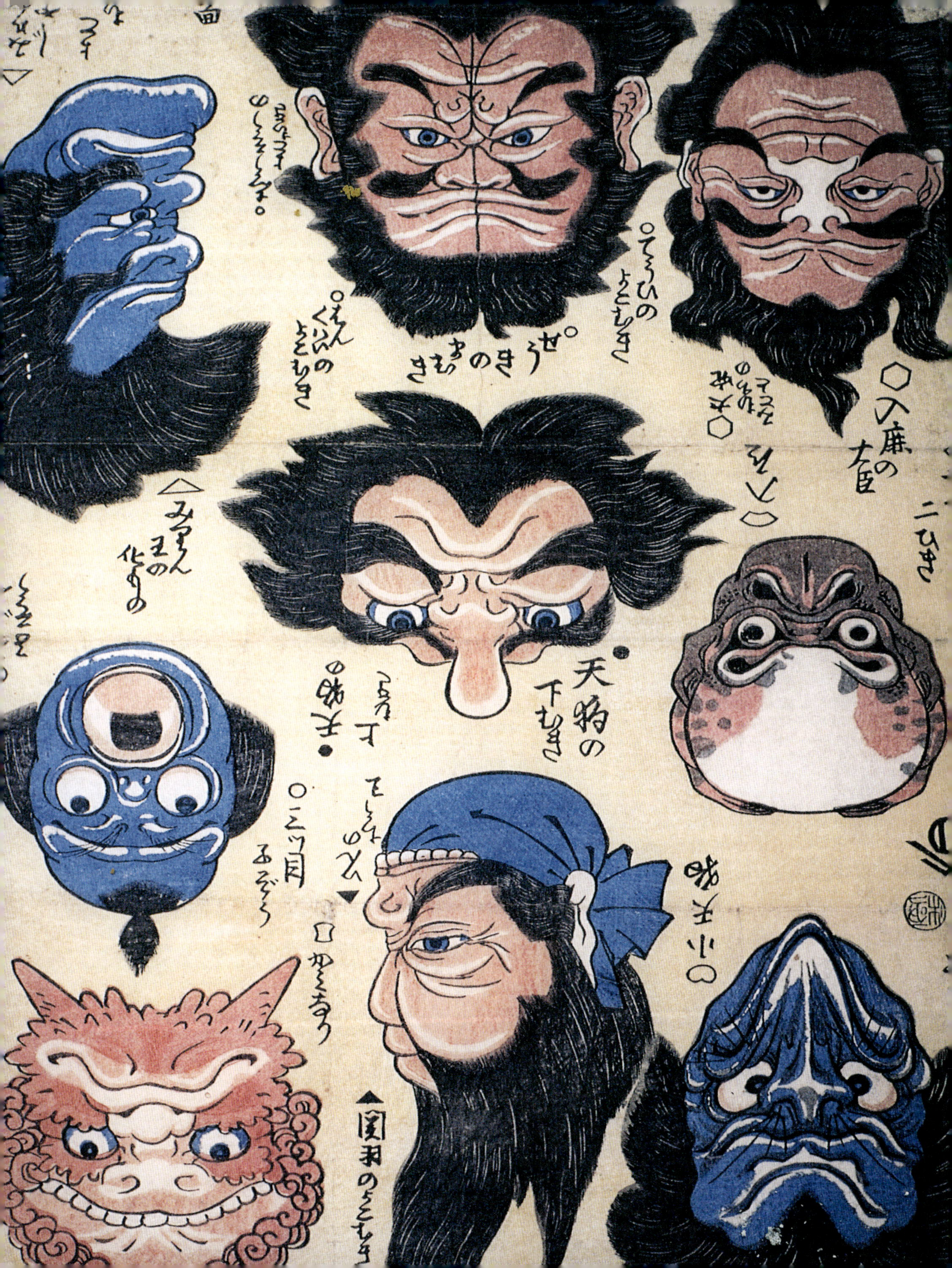
入鹿の首
天狗の下むき
関羽のよこむき

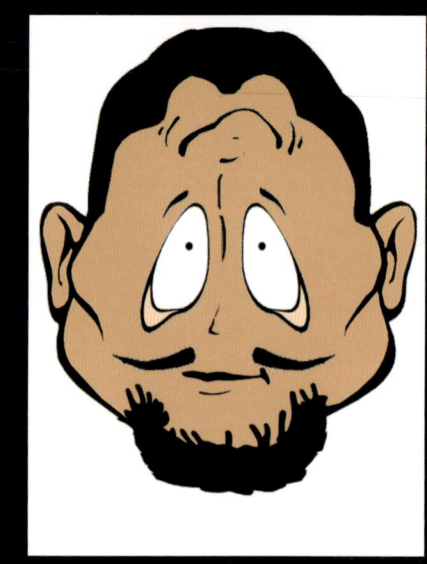

［左上］
僕のおじさん（R・オズボーン、2009年）
実を言うと、叔父ではなくて、お気に入りの帽子をかぶった義理の母です！?

［右上］
二面相（R・オズボーン、2009年）
漫画では、ひっくり返すと別の顔という絵によくお目にかかる。

［左下］
警官と馬（作者不詳）
馬にまたがる警官は、絵を逆さまにすれば見つかる。

［右下］
うれしい顔・悲しい顔（作者不詳）
18世紀の小型鏡の裏に印刷されていたもの。逆さまにして表情の巧みな変化を見てみよう。

第一次世界大戦時の英国のポスターには、英国の陸軍大臣ホレイショー・ハーバート・キッチナー卿とドイツ皇帝ウィルヘルム2世を組み合わせた逆さ絵がたびたび登場した。

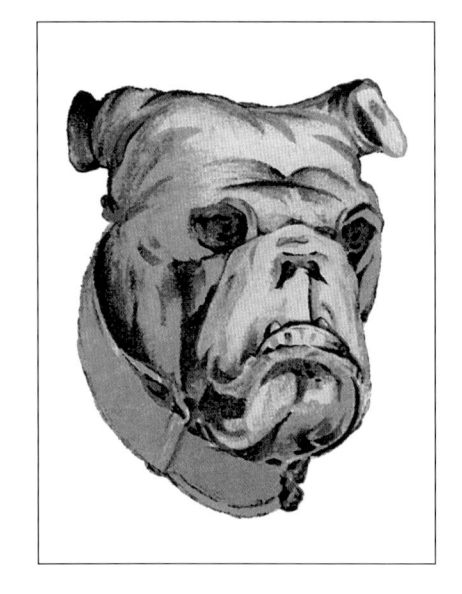

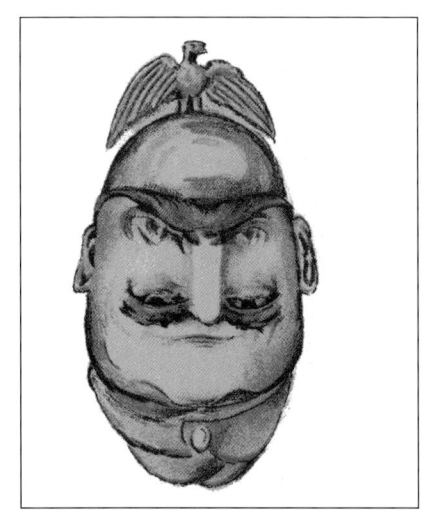

[左上]
第一次世界大戦中の英国のポスター1
この絵の説明には「英国のブルドッグがドイツ軍を敗走させた」とある。

[右上]
第一次世界大戦中の英国のポスター2
このポスターではドイツ皇帝が首に輪をつけている。「皇帝に首輪をかけた人物に会いたければ、この絵を逆さまにして下さい」という指示がある。

[左下]
第一次世界大戦中の英国のポスター3
いかめしい顔のドイツ皇帝。「ドイツのユンカー主義を完全に打倒すれば、キッチナーの満足する顔がみられるだろう」という説明がある。

[右下]
第一次世界大戦中の英国のポスター4
ドイツ皇帝は不安そうな顔つきで辺りをうかがっている。「ドイツ皇帝と……もう一人の顔は正反対！」という説明がある。

第9章　隠れたものを見る

立体視

ステレオグラムという三次元画像をご存じの人は多いだろう。乱雑にも見える複雑な模様をじっと没入するように見つめていると、三次元の像が浮かび上がる仕掛けはランダムドットステレオグラムと呼ばれる。ここで紹介する立体視図形は、もっとシンプルで安定した三次元イメージである。このタイプの立体視に必要な見方のコツも容易にマスターできるものだ。

2つの目がとらえる像のずれによって、立体視は可能となる。左右の目が別々にとらえた像が、脳で1つに統合される。このことは、目の前にある物体を、右眼と左眼を交互に閉じて片目で見てみるとわかりやすい。右眼と左眼では、見ているものの位置がわずかに違って見えるはずだ。この違いは両眼視差と呼ばれ、視差の大きさは両眼の間の距離と対象までの距離で決まる。両眼で見たものは、中央に1つの立体像として見える。ここで紹介する立体視では、左右の目に1つずつの図がペアになったものが用いられている。下の「歪んだ正方形と木星」という例は、この種の立体視図形の典型といってよい。あなたの2つの目とほぼ同じ間隔で並ぶ2つの図は、まったく同じではないことに注意してほしい。

歪んだ正方形と木星（R・オズボーン、2009年）
歪んで見える正方形に、木星と3つの衛星を組み合わせた図。145ページの本文の指示に従って、立体的な像を見てみよう。

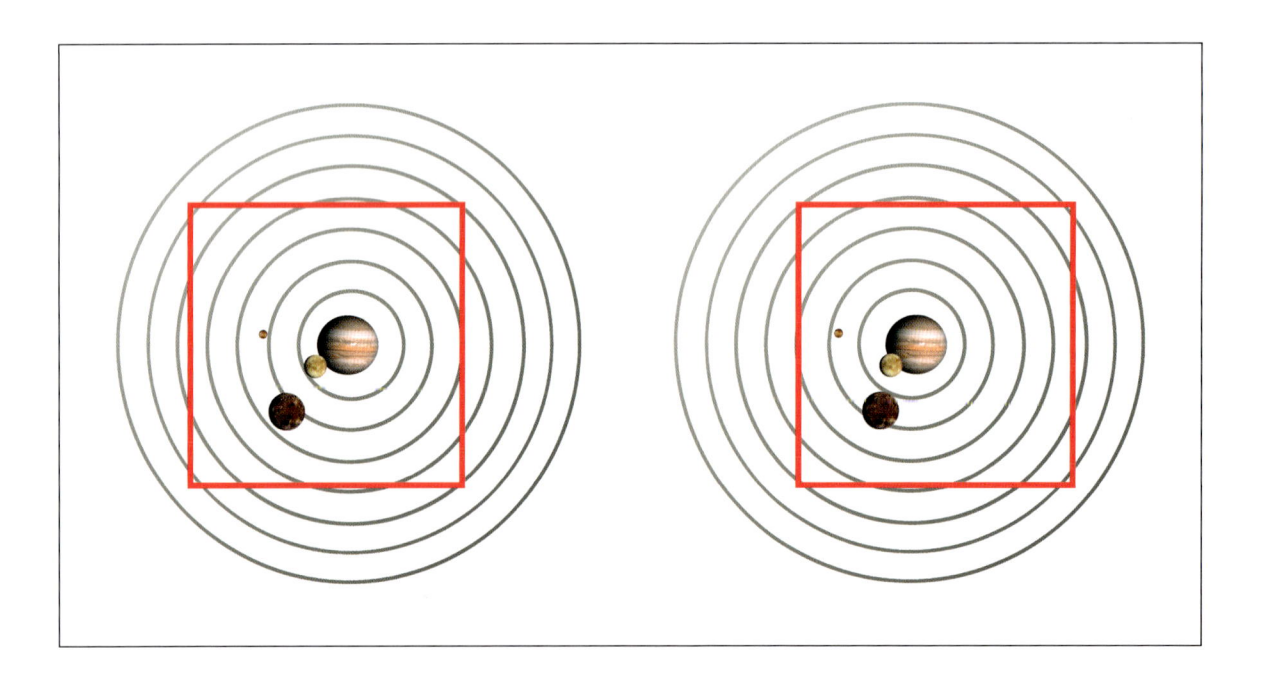

立体的な像を見るためには、まず読むときと同じくらいの距離をとって、2つの図の間に焦点を合わせる。そして鼻の上にとまった虫でも見るように、両眼をゆっくりと中央に寄せる。必要なら人差し指を鼻の頭に当てて注目してもよい。目を寄せると、2つの像の真ん中に3番目の像が見えてくる。像が4つ見えるのは行き過ぎだ。何回かやってみれば、3番目の像を安定させることは難しくない。それは確かに立体的に見える！

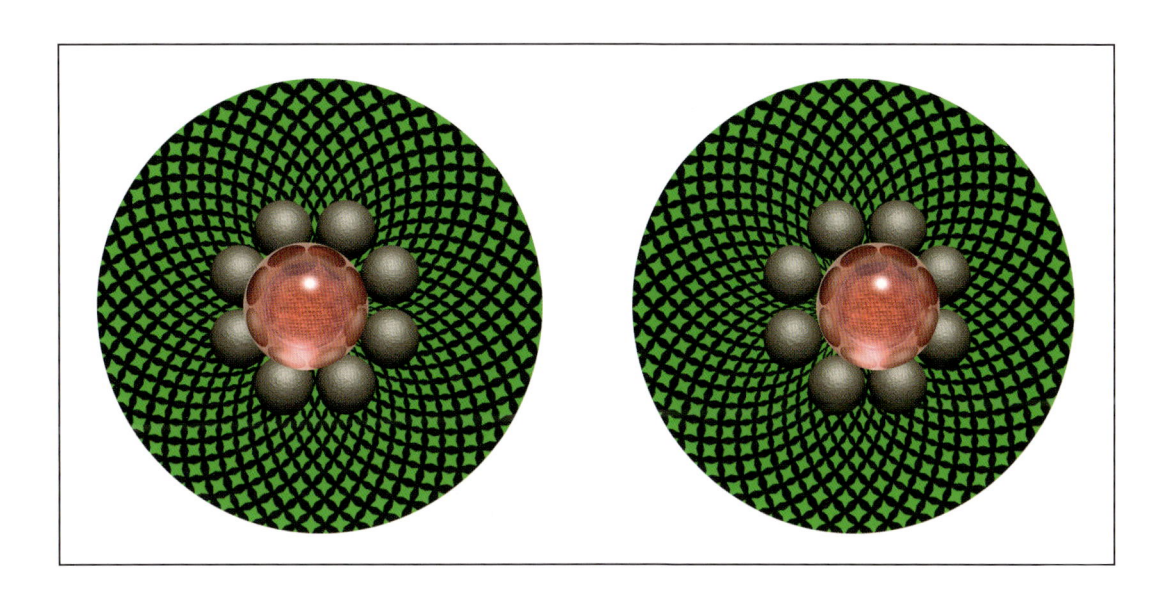

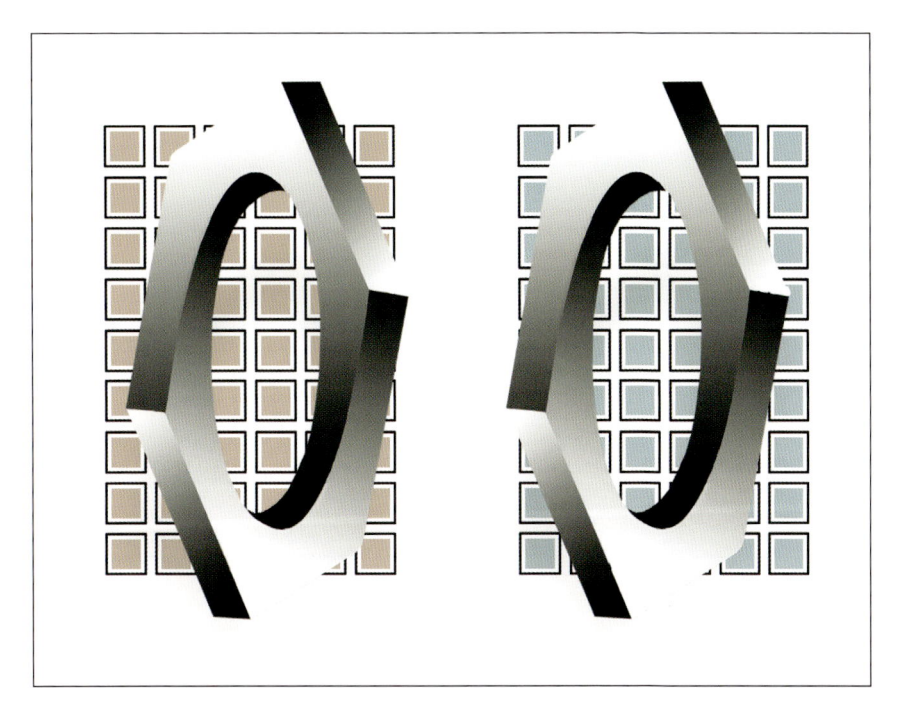

［上］
ガラス玉と弾丸（R・オズボーン、2009年）
ピンクのガラス玉、8個の弾丸、緑の地模様からなる3Dデザイン。本文の指示に従って見てみよう。

［下］
あり得ない六角ナット（R・オズボーン、2009年）
金銀に輝く背景に、あり得ない六角ナットが浮かび上がる。本文の指示に従って見てみよう。

第9章　隠れたものを見る　145

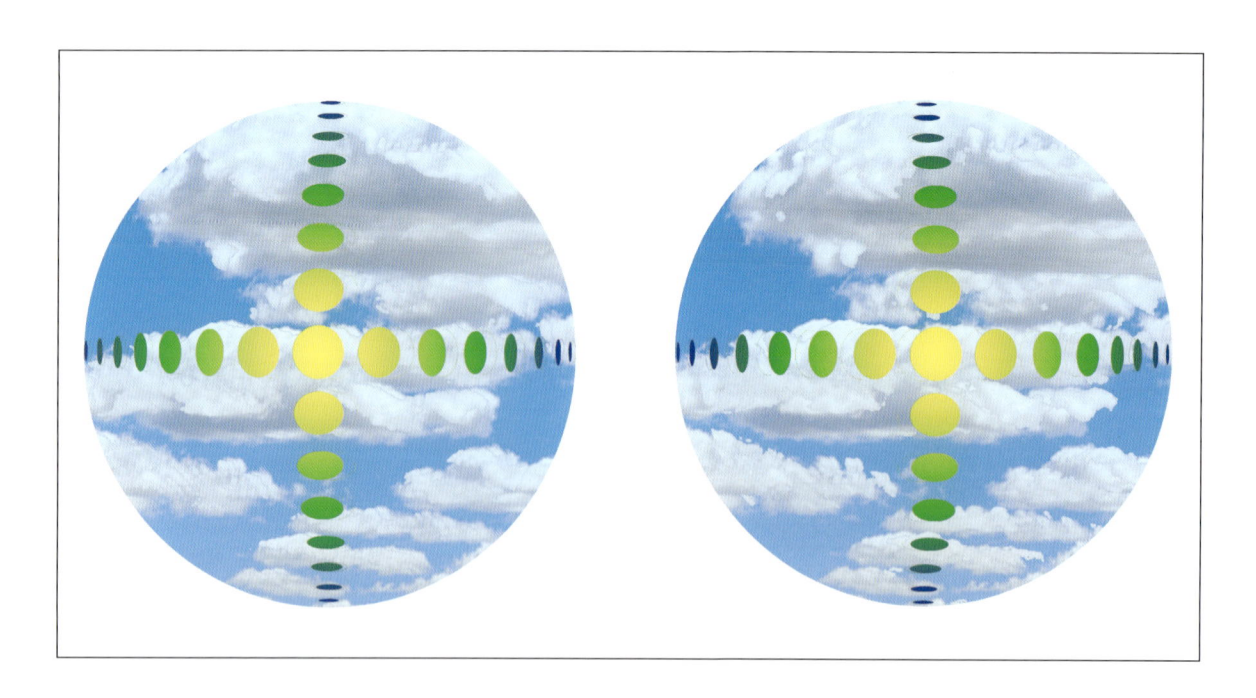

［上］
空に浮かぶ雲と楕円の列（R・オズボーン、2009年）
黄色の円はどちらも中心からややずれた位置に見える。立体視のイメージではどうだろうか。

［下］
波打つ輪とカメオ（R・オズボーン、2009年）
前に紹介した2つの作品を組み合わせたもの。本文の指示に従って、「不思議な輪」と「世界の女」を3Dイメージで見てみよう。

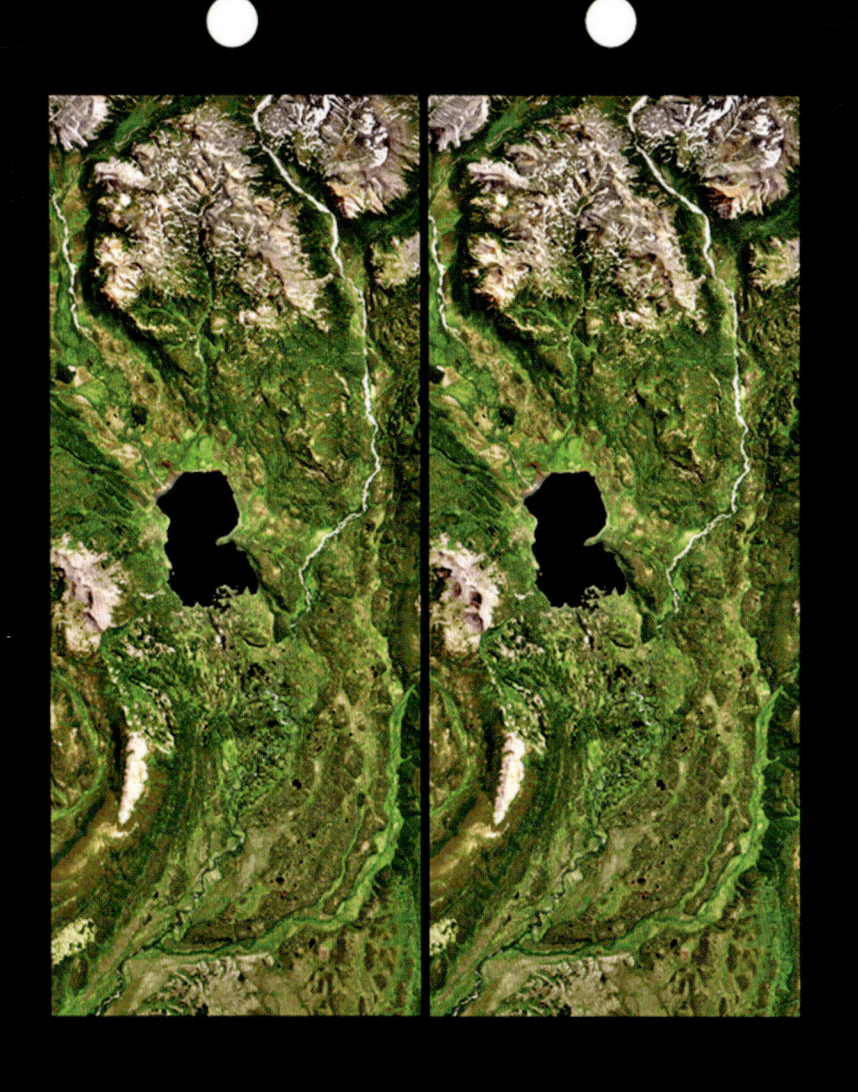

パランスコエ湖(ロシア)の3D画像

カムチャッカ半島にあるパランスコエ湖の衛星写真。目を中央に寄せて上の2つの白い円の真ん中に3番目の円が現れたら、2つの写真の間に新たな3D画像が見える。

第9章 隠れたものを見る 147

謝辞

　常に私を支えてくれたヴィヴィアン・ナギーとケン・ナギーに心から感謝します。ボスであり、友であり、師であり、あふれるインスピレーションの源泉であるC・H・ブリテンハム・ジュニアにも謝意を表します。またこの分野全体にそれぞれの仕事で優雅に貢献してきたアーティスト、写真家、そして数えきれない錯視作品の制作者たち、とりわけジョッシュ・ソマーズに、そしてすべての科学者に、心から感謝します。そして最後に、ベティ・ロレーン・オズボーンに感謝の言葉を贈らせてください。料理・パン焼き・自転車修理・造園の名手で私の師であり、いつも私を信じてくれたママ、ありがとう！

トラの顔（チャック・ブリテンハム、2007年）

クイズの答え

第 2 章（p.30）

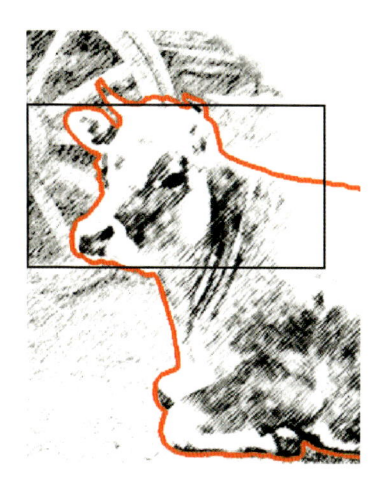

第6章

- p.103　**残像のドットは何色？**：ピンク
- p.106　**残像カラーのクイズ**：左の色の補色に近い色が右側に現れる。残像の色の組み合わせは、おおむね以下のようになる。(1) 黄・ピンク、(2) 紫・ピンク、(3) オレンジ・青、(4) 白・白、(5) 黄・白
- p.107　**「私には夢がある」**：マーチン・ルーサー・キング牧師
- p.107　**イタリアの航海士**：クリストファー・コロンブス
- p.107　**「さよなら、ノーマ・ジーン」**：マリリン・モンロー
- p.108　**歴史上の有名人物1**：ユリシーズ・シンプソン・グラント（米国第18代大統領）、エイブラハム・リンカーン、チェ・ゲバラ
- p.109　**歴史上の有名人物2**：ホパロン・キャシディー（米国の小説に登場するカウボーイ）、チャールズ・リンドバーグ、イエス・キリスト
- p.110　**歴史上の有名人物3**：グレタ・ガルボ、モナリザ、バラク・オバマ
- p.111　**歴史上の有名人物4**：ジョージ・ワシントン、セオドア・ルーズベルト、ヴィクトリア女王

第9章

- p.136　**ハートのメッセージカード**：LOVE ME LITTLE LOVE ME LONG.（少し愛して、長く愛して。）
- p.136　**女性たちが悪い理由は？**：BECAUSE THEY STEEL THEIR CORSETS, CRIB THEIR BABIES, AND HOOK ONE ANOTHER'S DRESSES.（彼女たちはコルセットを盗み、赤ん坊を狭い所に閉じ込め、お互いのドレスをくすねるから。）
- p.137　**アナモルフォーズのメッセージ**：YOU WON'T BELIEVE YOUR EYES!（あなたはもう自分の目を信じられない！）
- p.137　**アナモルフォーズのクイズ**：?ARE WE NOT DRAWN ONWARD, WE FEW, DRAWN ONWARD TO NEW ERA?（我々は先へ導かれることはないのか、少数の者も新しい時代へは進めないのか？）

注

第 1 章

1. A. Hurlbert, "Colour Vision: Primary Visual Cortex Shows Its Influence," *Current Biology* 13 (2003): 270–272.
2. Vilayanur S. Ramachandran and Diane Rogers-Ramachandran, "Mind the Gap," *Scientific American Reports: Special Edition on Perception* (2008): 4–7.
3. Vilayanur S. Ramachandran and Diane Rogers-Ramachandran, "The Reality of Illusory Contours," *Scientific American Reports: Special Edition on Perception* (2008): 42–43.

第 2 章

1. Vilayanur S. Ramachandran and Diane Rogers-Ramachandran, "Ambiguities and Perception," *Scientific American Reader to Accompany Schacter/Gilbert/Wegner*, ed. Daniel L. Schacter (New York: Macmillan, 2008), 56–59. Ramachandran and Rogers-Ramachandran are affiliated with the Center for Brain and Cognition at the University of California, San Diego.

第 3 章

1. Mark Changizi, *The Vision Revolution* (Dallas: BenBella Books, 2010).
2. John S. Werner, Baingio Pinna, et al., "Illusory Color and the Brain," *Scientific American Reports: Special Edition on Perception* (2008): 90–95.
3. Illustration adapted from *Treasure Island* by Robert Louis Stevenson (New York: Scribner's, 1911, illustrated by N. C. Wyeth).
4. Werner, Pinna, et al., "Illusory Color and the Brain."

参考文献

Ausbourne, Robert. *How to Understand, Enjoy and Draw Optical Illusions*. San Francisco: Pomegranate, 2007.

Block, J. R. *Seeing Double*. New York: Routledge, 2002.

Changizi, Mark. *The Vision Revolution*, Dallas, TX: BenBella Books, 2009.

Langdon, John. *Wordplay*. New York: Harcourt Brace Jovanovich, 1992.

Ord, Colin. *Magic Moving Images*. St. Albans: Tarquin, 2007.

Wick, Walter. *Walter Wick's Optical Tricks*. New York: Scholastic, 2008.

オンライン情報

"Adding Depth to Illusions," Lock Haven University, http://www.lhup.edu/~dsimanek/3d/illus2.htm

"Akiyoshi's illusion pages," Department of Psychology, Ritsumeikan University, http://www.ritsumei.ac.jp/~akitaoka/index-e.html

"Einstein Ring in Distant Universe," European Southern Obervatory, http://www.eso.org/public/news/eso0521/

Institute of Learning and Brain Sciences, University of Washington, http://ilabs.washington.edu/

"Key to All Optical Illusions Discovered," LiveScience.com, http://www.livescience.com/4950-key-optical-illusions-discovered.html

Mighty Optical Illusions, http://www.moillusions.com/

"Motion Induced Blindness," on Michael Bach's 92 Visual Phenomena & Optical Illusions, http://www.michaelbach.de/ot/mot_mib/index.html

SandlotScience.com, http://www.sandlotscience.com/

図画版権

ロバート・オズボーン（Robert Ausbourne）：vii, 3, 9-14, 17〔左下、右下〕, 18〔上、右下〕, 19, 24, 25〔右下〕, 26, 27〔上〕, 30〔左上、右上〕, 36-41, 42〔中央、下〕, 43, 45-48, 50-56, 57〔下〕, 59-60, 61, 62〔下〕, 64-65, 66〔下〕, 69-71, 73-74, 76-89, 90〔左下、右下〕, 91-94, 97-99, 101-103, 104〔上、中央〕, 105-111, 113, 118, 128-130, 132-133, 136〔上〕, 137, 144-146

トニー・アゼベト（Tony Azevedo）：iv, 18〔左下〕, 44, 58, 100, 139〔上〕

チャック・ブリテンハム（Chuck Brittenham）：34, 148

iStockphoto：5〔上〕© Kiyoshi Takahase Segundo; 119〔右下〕© kevdog818; 126 © Snezana Negovanov

R・ラスティ・ラスト（R. Rusty Rust）：17〔右上〕, 31〔上、右下〕, 32-33

Shutterstock：x © Photosani; 119〔上〕© Dr. Morley Read

ジョッシュ・ソマーズ（Josh Sommers）：16〔下〕, 27〔下〕, 49, 57〔上〕, 61, 62〔上〕, 63, 66〔上〕, 67-68

C. Dale Stillman：28〔下〕

ウィキメディアコモンズ：2: Retinography.jpg/User: Ske; 4: Wenceslas Hollar - Charles II 2.jpg/Source: University of Toronto Wenceslaus Hollar Digital Collection/User: Dcoetzee; 28〔上〕: Martian face viking.jpg/Source: Viking 1 Orbiter, image F035A72/Author: Viking 1, NASA; 29〔上〕: Eyes-and-nose-rooftop.jpg/Author: Adamantios; 29〔中央〕: Serious Little Faces.jpg/Author: Greg Hemmings; 29〔下〕: Wenceslas Hollar – Landscape shaped like a face (State 1).jpg/Source: University of Toronto Wenceslaus Hollar Digital Collection/User: Dcoetzee; 42〔上〕: Ehrenstein figure.svg/Author: Nevit Dilmen; 72: Hogarth-satire-on-false-pespective-1753.jpg/User: Churchh; 90〔上〕: Fraser spiral.svg/Author: Mysid; 114: 3rd Battalion, 3rd Marines - Afghanistan.jpg/Source: United States Army Central/Author: photo by Cpl. James L. Yarboro; 115〔上〕: USS Orizaba (ID-2536).jpg/Source: US Navy Historical Center; 115〔下〕: USS Charles S. Sperry.jpg/Source: Destroyer History Foundation; 116: Camouflage DSC05383.JPG/Author: Lior Golgher; 117: Tawny frogmouth in wild.JPG/User: Kklausmeyer; 119〔中央〕: Bristol.zoo.dead.leaf.mantis.arp.jpg/Author: Adrian Pingstone; 119〔左下〕: Eastern Coral Snake (Micrurus fulvius).JPG/User: Eleutherodactylus; 120〔上〕: Camouflage.jpg/Author: Raul654; 120〔中央〕: Misumena vatia female eating fly.jpg/User: MichaëlG; 120〔左下〕: Wheat-haHula-ISRAEL.JPG/User: H20; 120〔右下〕Ear of rye.jpg/User: LSDSL; 121: The ghost of Taira Tomomori.jpg/User: AMorozov; 122: Sunset mirage 1232n.jpg/Author: Mila Zinkova; 123: Egypt-fatamorgana.jpg/User: Ebief; 124: Ancients watching.jpg/Author: Scott Robinson; 125〔上〕: EagleRock.jpg/Author: Julius Reque; 135: Sant ignazio ceiling.jpg/Author: Bruce McAdam; 138: Anamorfosis03.JPG/Author: Laurente 1630; 139〔下〕: Virtual anamorphosis.jpg/Author: Ruizo; 140: Arcimboldo Vegetables upsidedown.jpg/User: Fb78; 147: Stereo Pair, Lake Palanskoye Landslide, Kamchatka Peninsula, Russia.jpg/User: Brian0918.

索　引

あ行

あいまいなイメージ　　　　　　　　15–33
　　意味　　　　　　　　　　　　　　　15
　　顔　　　　　　　　　　　　　　　　28
　　クイズ　　　　　　　　　　　　30–31
　　寓意的作品　　　　　　　　　　21–23
　　図と地の錯視　　　　　　　　　25–27
　　多義的な絵　　　　　　　　　　16–17
　　反転　　　　　　　　　　　　　　　24
　　立方体　　　　　　　　　　　　18–19
あいまいなイメージ（作品・例）
　　愛と憎しみ（ソマーズ）　　　　　　16
　　あいまいな模様（オズボーン）　　　27
　　あいまいに積み重なった立方体　　　19
　　アザラシとロバ（作者不詳）　　　　16
　　一切は虚飾（ギルバート）　　　　　21
　　ウサギとカモ（作者不詳）　　　　　16
　　エイムズの変容　　　　　　　　49–51
　　面長の顔？ それともネズミ？　　　 16
　　顔の見える風景（ホラー）　　　　　29
　　隠れたトラ（ラスト）　　　　　　　33
　　隠れたライオン（ラスト）　　　　　33
　　火星の岩に浮かび上がった顔　　　　28
　　角の欠けた立方体（オズボーン）14,15
　　角の欠けた立方体（アゼベド）　　　18
　　昨日、今日、明日（作者不詳）　　　22
　　クイズ1,2（オズボーン）　　　　　 30
　　恋の盃（作者不詳）　　　　　　　　25
　　恋人たちと頭蓋骨（作者不詳）　　　22
　　ゴシップには悪魔も加わる（ウォザー
　　　スプーン）　　　　　　　　　　　23
　　5人のピエロ（ラスト）　　　　　　 17
　　幸せな家　　　　　　　　　　　　　29
　　しかめっ面のパンジー　　　　　　　29
　　社交界、ある肖像（ウォザースプーン）22
　　10人の友達（ラスト）　　　　　　　31
　　乗馬（オズボーン）　　　　　　　　24
　　ジョージ・ワシントンの見つめる花瓶
　　　（オズボーン）　　　　　　　　　26
　　白髪の老人と若いカウボーイ（作者不
　　　詳）　　　　　　　　　　　　　　16
　　世界の女（オズボーン）　　　　　　17
　　タカと魔法使い（オズボーン）　　　17
　　「だまされぬように」（ソマーズ）　 21
　　トールゲートNo.3（アビー）　　　　30
　　年老いたジプシー　　　　　　　　　23
　　母と父と娘（フィッシャー）　　　　16
　　ピエロの恋　　　　　　　　　　　　22
　　人であふれた顔、あるいは顔をつくる

　　人々（作者不詳）　　　　　　　　　17
　　ボナパルトのスミレ（作者不詳）　　31
　　マッハの本（オズボーン）　　　　　24
　　見上げる岩　　　　　　　　　　　　28
　　3つあるいは4つのサイコロ（オズボー
　　　ン）　　　　　　　　　　　　　　18
　　夢（ラスト）　　　　　　　　　　　31
　　横顔の見える縞模様の盃（作者不詳） 25
　　ライオンの国（ラスト）　　　　 32,33
　　立方体の組み合わせ　　　　　　　　18
　　立方体の積み木（オズボーン）　　　19
　　リンカーンと木彫りの燭台（オズボーン）26
　　ろうそくと恋人たち（作者不詳）　　25
　　ワインで"おもてなし"（オズボーン） 25
アナモルフォーズ
　　意味、見方　　　　　　　　　　　133
　　逆さ絵　　　　　　　　　　　140–143
アナモルフォーズ（作品・例）
　　赤い惑星（オズボーン）　　　 132,133
　　アナモルフォーズのクイズ（オズボーン）137
　　アナモルフォーズのメッセージ（オズ
　　　ボーン）　　　　　　　　　　　 137
　　アナモルフォーズを使ったメッセージ
　　　カード（オズボーン）　　　　　 136
　　うれしい顔・悪い顔（作者不詳）　142
　　円筒鏡に映った歪んだ図形（ウィキメ
　　　ディア）　　　　　　　　　138,139
　　鏡を用いた古典的なアナモルフォーズ 138
　　「クジラを救おう」（アゼベド）138,139
　　警官と馬（作者不詳）　　　　　　142
　　女性たちが悪い理由は？（絵葉書）136
　　聖堂のだまし絵（ポッツォ）　134,135
　　第一次世界大戦中の英国のポスター1,2,
　　　3,4　　　　　　　　　　　　　　143
　　日本の逆さ絵（作者不詳）　　140,141
　　二面相（オズボーン）　　　　　　142
　　僕のおじさん（オズボーン）　　　142
　　野菜を育てる人（アルチンボルド）140
　　レオナルド・ダ・ヴィンチ自画像　134
　　レオナルド・ダ・ヴィンチの鏡文字 134
　　レオナルド・ダ・ヴィンチの斜面投影 134
あり得ないもの　　　　　　　　　49–73
　　悪魔のフォーク　　　　　　　 62–63
　　あり得ない箱　　　　　　　　 66–67
　　意味　　　　　　　　　　　　　　49
　　エイムズの変容　　　　　　　 49–51
　　階段　　　　　　　　　　　　 64–65
　　コンピュータの利用　　　　　　　51
　　その他のオブジェ　　　　　　 68–73
　　ねじれた三角形　　　　　　　 56–59

　　ねじれたフェンス　　　　　　 60–61
あり得ないもの（作品・例）
　　悪魔のフォーク（ソマーズ）　　　　62
　　あり得ない階段（オズボーン）　　　64
　　あり得ないキューブ（ソマーズ）66,67
　　あり得ない木枠（ソマーズ）　　　　66
　　あり得ない構造（ソマーズ）　　　　68
　　あり得ない柵（ソマーズ）　　　　　61
　　あり得ない三角すい（ソマーズ）　　68
　　あり得ないチェス盤（オズボーン）　73
　　あり得ないデザイン（ソマーズ）　　49
　　あり得ない電機部品の組み立て図（オ
　　　ズボーン）　　　　　　　　　　　62
　　あり得ない物体の図をつくる（オズボーン）
　　　　　　　　　　　　　　　　　　51
　　あり得ない輪（オズボーン）　　　　59
　　ありそうもない飛び込み台（オズボーン）
　　　　　　　　　　　　　　　　 64,65
　　異世界の構造物（オズボーン）　　　54
　　糸車のようなもの（オズボーン）　　69
　　入り組んだキューブ（オズボーン）　66
　　入れ子風の四角い積み木（オズボーン）53
　　海辺と画架（オズボーン）　　　　　73
　　海辺の不思議（オズボーン）　　　　54
　　エイムズの変容（オズボーン）　　　51
　　似非ストーンヘンジ（オズボーン）48,49
　　沖合の柵（オズボーン）　　　　　　60
　　火星の"ブルーベリー"（オズボーン）59
　　絡み合ったバトン（オズボーン）　　70
　　ギアもどき（オズボーン）　　　　　69
　　砂漠の休憩場（オズボーン）　　 54,55
　　三本の角柱部分からなる立体（オズボーン）
　　　　　　　　　　　　　　　　　　56
　　昇進の階段であるはずが…（オズボーン）
　　　　　　　　　　　　　　　　　　64
　　大理石の三角形（アゼベド）　　 58,59
　　デル-プレーテの庭の柵（ソマーズ）　61
　　26個の立方体からなるデザイン（オズ
　　　ボーン）　　　　　　　　　　　　57
　　偽の遠近法への風刺（ホガース）　　72
　　2本または3本の柱（ソマーズ）　　　63
　　人里離れた公衆電話（オズボーン）52,53
　　"ペンローズ"（ソマーズ）　　　　　57
　　曲がったストロー（オズボーン）　　71
　　メビウスの輪（オズボーン）　　　　59
　　歪んだ板（オズボーン）　　　　 50,51
　　立方体でつくるねじれた三角形（オズボーン）
　　　　　　　　　　　　　　　　　　56
　　立方体の中の立方体（オズボーン）　53
　　6枚のスライスのためのデザイン（オ

ズボーン）	70
6本のスティック（オズボーン）	71
アリストテレス	126, 127
色	35–47
エーレンシュタイン図形	42–43
輝きの錯視	42–44
カムフラージュ	113–121
競い合う色	40
識別・知覚	35–36
水彩効果	36–39
ストループ検査	45–47
補色	97
幻の陰影	41
色に関わる錯視（作品・例）	
明るい縁取りを加えたエーレンシュタイン図形	42
新しいエーレンシュタイン図形	42
エーレンシュタイン図形	42
エーレンシュタインの輝く"青"？	43
円筒形の貨物（オズボーン）	41
花粉、万華鏡の輝き（ブリテンハム）	34, 35
逆向きのエーレンシュタイン図形	43
境界の目立たないにじみ効果(オズボーン)	38
グレーの帯（オズボーン）	40
コントラストの生み出す模様（オズボーン）	41
10%ごとの変化（オズボーン）	40
水彩効果（オズボーン）	36
ストループ検査1, 2, 3, 4（オズボーン）	46–47
ストループ検査で使う色(オズボーン)	45
対比による明暗（オズボーン）	38, 39
宝島、水彩効果が見られる地図1, 2（オズボーン）	37
ピンクの点（オズボーン）	41
ピンストライプ（オズボーン）	38
見かけの違い（オズボーン）	40
燃え上がるヒューズ1, 2（オズボーン）	44
ゆらめくように輝くエーレンシュタイン図形	43
岩肌の造形美	124–125
エーレンシュタイン、ウォルター	42
エーレンシュタイン図形	42–43
遠近法の錯視	78–81
大きさの比較	84–85
オバマ大統領	9

か行

下位蜃気楼	123
顔	28
隠れているものを探す	30–33
カムフラージュ（作品・例）	
アフガニスタンの米国海兵隊員	114, 115
イスラエルの小麦畑	120
オオアマガエル	119
ガマグチヨタカ	117
カレハカマキリ	119
コウイカ	120
コノハガエル	116, 117
サンゴヘビとミルクヘビ	119
シマウマにはどうして縞が？（オズボーン）	118
ゼブラコード（作者不詳）	112, 113
ダズル迷彩の米国艦オサリバ	115
ヒメハナグモ	120
米国艦チャールズ・S・スペリー	115
迷彩模様（オズボーン）	113
ライ麦	120
消えるイメージ	100
競い合う色	40
境界・縁	36–39
教室（オズボーン）	vi, vii
経験、知覚への影響	5–6

さ行

逆さ絵	140–143
うれしい顔・悲しい顔（作者不詳）	142
警官と馬（作者不詳）	142
第一次世界大戦中の英国のポスター1, 2, 3, 4	143
日本の逆さ絵（作者不詳）	140, 141
二面相（オズボーン）	142
僕のおじさん（オズボーン）	142
野菜を育てる人（アルチンボルド）	140
錯視	
教室のイメージ	vi–vii
すべてが「幻影」	vi
前庭系による補正	7–9
想定・思い込み	v–vi
知覚への影響	5–6
謎を解く	viii–ix
残像	95–111
青いドット（オズボーン）	103
淡い印（オズボーン）	98
イタリアの航海士（オズボーン）	107
川の流れを追って（オズボーン）	101
黄色いオウム（オズボーン）	105
消える雲	100
消える雲（アゼベド）	100
残像（作品・例）	
「さよなら、ノーマ・ジーン」（オズボーン）	107
残像（オズボーン）	94, 95
残像カラーのクイズ（オズボーン）	106
残像で遊ぶ	104–106
残像のドットは何色？（オズボーン）	103
残像の色彩（オズボーン）	97
視覚化	96–97
仕組み	95–97
周辺視の幻影	101–103
信号機（オズボーン）	98
信号機3D版（オズボーン）	98, 99
星条旗（オズボーン）	104
注意	96
電球の残像（オズボーン）	104
なじめないカボチャ（オズボーン）	105
補色	97
ぼんやりとした青い幻影(オズボーン)	101
緑の鬼（作者不詳）	104
有名人物	107–111
粒子加速器（オズボーン）	107
歴史上の有名人物1, 2, 3, 4	108–109
「私には夢がある」（オズボーン）	107
視覚の仕組み	
眼球の動き	4–5
経験の影響	5–6
残像	95–97
シャルル・ボネ症候群	6
主観的	10–13
前庭系による補正	7–9
知能	1
トップダウン型の処理	5–6
なめらかな映像	4
ニューロンのくすぐり方	10–11
ボトムアップ型の処理	5–6
見るためのソフトウェア	4–5
盲点	2–3
網膜	4, 95–96
ラインの暗示	10–11
自然界の錯視（例）	
アフガニスタンの米国海兵隊員	114, 115
イーグルロック	124, 125
イスラエルの小麦畑	120
オオアマガエル	119
ガマグチヨタカ	117
カレハカマキリ	119
コウイカ	120
コノハガエル	116, 117
砂漠の蜃気楼	123
サンゴヘビとミルクヘビ	119
シップロック山	124, 125
シマウマにはどうして縞が？（オズボーン）	118
ゼブラコード（作者不詳）	112, 113
大気層ごしに見える夕日	122
「平知盛亡霊の図」（歌川国芳）	121
ピクトグラフケーブ州立公園の断崖	124
ヒメハナグモ	120
迷彩模様（オズボーン）	113
ライ麦	120
シャルル・ボネ症候群	6
周辺視の幻影	101–103
主観的な形	10–13

上位蜃気楼	122
蜃気楼	122–123
神経細胞	10–11
水彩効果	36–39
ステレオグラム	144
図と地の錯視	25–27
ストループ検査	45–47
ストループ、ジョン・リドリー	45
3Dマップ	
計算	vii
脳による組み立て	vi–vii
想定・思い込み	v–vi

た行

ダズル迷彩	115
チャールズ2世、英国王	4
中央の点（二等分点）	83
適応色	113–121
カムフラージュ	113
軍事利用	113–115
自然選択	118
ダズル迷彩	115
動物界	117–121
狙うものと狙われるもの	118
迷彩	113
どこにも通じていない階段	64–65
トップダウン型の処理	5–6

な行

斜めになると……	86–93
ニューロンのくすぐり方	10–11
ねじれたフェンス	60–61
脳	
教室のイメージ把握	vi–vii
管による三角形の図	iv, v
錯視のトリック	v–ix
3Dマップの組み立て	vi–vii
3Dマップのための計算	vii
前庭系による補正	7–9
想定・思い込み	v–vi
トップダウン型の処理	5–6
謎を解く	viii
ボトムアップ型の処理	5–6
見るためのソフトウェア	4–5
盲点	2–3
歪みの錯視	75–76

は行

ハールバート、アーニャ	1
反転	24
比較の問題	84–85
縁・境界の知覚	36–39
ポッゲンドルフ、J・C	86
ボトムアップ型の処理	5–6

ま行

幻の陰影	41
耳、前庭系による補正	7–9
目の仕組み	1–13
盲点	2–3

や行

有名人物の残像を見る	107–111
歪んだ世界	75–93
遠近法による錯視	78–81
脳による知覚	75–76
歪んだ世界（作品・例）	
編み紐風の文字（オズボーン）	90
インチの伸び縮み（オズボーン）	81
遠近法の錯視（オズボーン）	78,79
カフェウォール（オズボーン）	91
ガラス玉によるティチェナー錯視（オズボーン）	84
楔形模様（オズボーン）	89
鎖と板（オズボーン）	88
くの字形による歪み（オズボーン）	76,77
自然のつくり出す波形（オズボーン）	85
主観的な歪んだ正方形（オズボーン）	77
シンプルなねじれ紐（オズボーン）	90
3D画像の円と正方形（オズボーン）	77
正弦波効果（オズボーン）	85
正方形と星の模様（オズボーン）	92
象の歪み（オズボーン）	81
超高層ビル（オズボーン）	79
ツェルナー錯視による歪み（オズボーン）	89
ツェルナーの錯視（オズボーン）	89
ティチェナーの錯視（オズボーン）	84
二等辺三角形（オズボーン）	83
バナナ形のカード（オズボーン）	85
光はどこから？（オズボーン）	91
ピラミッドの不思議（オズボーン）	82,83
風変わりなポンゾ（オズボーン）	74,75
不思議な輪（オズボーン）	92,93
2つの線分についての法則（オズボーン）	83
フレーザーの渦巻き（フレーザー）	90
ポッゲンドルフ錯視（オズボーン）	86
ポッゲンドルフを称えて（オズボーン）	86,87
ポンゾの錯視（オズボーン）	78
曲がる平行線（オズボーン）	76,77
まなざしの困惑（オズボーン）	91
ミュラー–リヤー錯視の応用例（オズボーン）	81
ヤシの木立（オズボーン）	89
歪みのある空間（オズボーン）	77
歪みのある市松模様（オズボーン）	92
歪んだ正方形（オズボーン）	76
歪んだ六角形（オズボーン）	88
リンカーンのシルクハット（オズボーン）	83
指を使った錯視	127–131
アリストテレス	127
指が二重に見える錯視	131
指の間に浮くソーセージ	128–129
指を使った錯視（例）	
交差した指（オズボーン）	128
宙に浮く"ソーセージ"の錯視（オズボーン）	129
2本の指の錯視（オズボーン）	130, 131

ら行

ラインの暗示	10–11
ラマチャンドラン、ヴィラヤヌル	15
立体視	144–147
あり得ない六角ナット（オズボーン）	145
ガラス玉と弾丸（オズボーン）	145
雲と楕円の列（オズボーン）	146
波立つ輪とカメオ（オズボーン）	146
バランスコエ湖の3D画像	147
歪んだ正方形と木星（オズボーン）	144
ロジャーズ-ラマチャンドラン、ダイアン	15

【著者】ロバート・オズボーン　　Robert Ausbourne
グラフィックデザイナー。イラスト技法と美術史の学位をもつ。1995年より錯視アートに専念し、錯視を学ぶ学生や教師を支援するための参加型実技授業をネット上で開設している（www.sandlotscience.com）。これまでに900点以上の錯視作品を含んだカレンダーを製作したほか、アーティストや学生向けのプロジェクトのためのマニュアルを執筆している。

【訳者】渡辺滋人（わたなべ　しげと）
訳書に『親子で学ぶ数学図鑑』『ブライアン・コックス　生命の不思議』『仕掛絵本図鑑　動物の見ている世界』（いずれも創元社）などがある。

錯視の不思議
――人の目はなぜだまされるのか

2015年11月20日　第1版第1刷発行

著　者	ロバート・オズボーン
訳　者	渡辺滋人
発行者	矢部敬一
発行所	株式会社 創元社

http://www.sogensha.co.jp/
本社　〒541-0047　大阪市中央区淡路町4-3-6
Tel.06-6231-9010　Fax.06-6233-3111
東京支店　〒162-0825　東京都新宿区神楽坂4-3　煉瓦塔ビル
Tel.03-3269-1051

組版・装丁	寺村隆史
印刷所	泰和印刷株式会社

© 2015, Printed in Japan
ISBN978-4-422-70101-1 C0071

〔検印廃止〕
本書を無断で複写・複製することを禁じます。
落丁・乱丁のときはお取り替えいたします。

JCOPY　〈(社) 出版者著作権管理機構　委託出版物〉
本書の無断複写は著作権法上での例外を除き禁じられています。複写される場合は、そのつど事前に、(社) 出版者著作権管理機構（電話 03-3513-6969、FAX03-3513-6979、e-mail: info@jcopy.or.jp）の許諾を得てください。

好評関連書

錯視芸術図鑑
世界の傑作200点

ブラッド・ハニーカット／テリー・スティッケルズ著
北川 玲訳
220×188ミリ・224頁・定価（本体3,200円＋税）
古今東西の錯視アートの最高傑作を200点収載。エッシャーからオカンポまで、絵画、写真、CGまでも網羅した、永久保存版。

謎解き錯視 傑作135選

ジャンニ・A・サルコーネ著
北川 玲訳
200×200ミリ・160頁・定価（本体1,500円＋税）
時代を越え世界中で人々を魅了し続けてきた、さまざまな錯視芸術の傑作を135点厳選、クイズ形式の解説文を付した楽しい1冊。

錯視芸術図鑑2
古典から最新作まで191点

ブラッド・ハニーカット著
北川 玲訳
220×188ミリ・224頁・定価（本体3,200円＋税）
古今東西のだまし絵を集めた『錯視芸術図鑑』第2弾。ウラジミール・クッシュ、会田誠など、さらなる傑作191点収載の保存版。

不可能図形コレクション90選

アル・セッケル編著
内藤憲吾訳
200×200ミリ・96頁・定価（本体1,200円＋税）
平面では描けるのに3次元では作れない不可能な図形の数々を、古典作品から未公開の新作まで多数集めた驚異のコレクション。

錯視芸術の巨匠たち
世界のだまし絵作家20人の傑作集

アル・セッケル著
坂根厳夫訳
A4判変型・320頁・定価（本体4,800円＋税）
古今東西のだまし絵作家20人の傑作を集めた作品集。錯視図形、オプティカル・イリュージョンアートの摩訶不思議な世界へ。

アルケミスト双書 錯視芸術
遠近法と視覚の科学

フィービ・マクノートン著
駒田 曜訳
B6判変型・66頁・定価（本体1,200円＋税）
見るという行為の本質を遠近法、錯視に加えてブロッケン現象や虹などの自然現象、マジックなどから解明する。